U0652870

教师素养系列

著名语文教育家 于漪 总主编

王白云

陈小英／著

教师审美情趣的陶冶

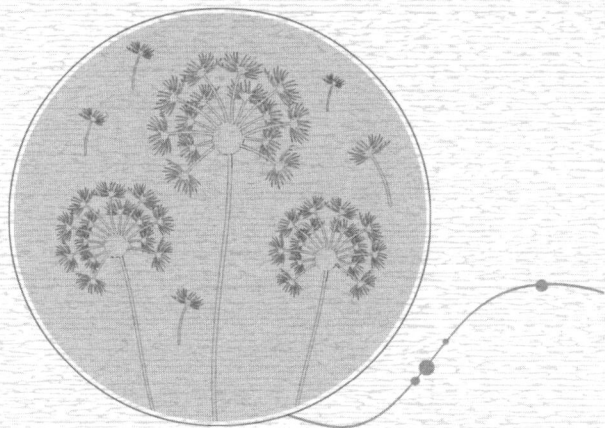

习于智长，优与心成

今天做教师最需要具备的基本素养

JIAOSHI SHENMEI QINGQU DE TAOYE

东北师范大学出版社

NORTHEAST NORMAL UNIVERSITY PRESS

·长 春·

图书在版编目（CIP）数据

教师审美情趣的陶冶/王白云，陈小英著. —长春：东北师范大学出版社，2020.7
ISBN 978 - 7 - 5681 - 7046 - 8

Ⅰ．①教⋯　Ⅱ．①王⋯　②陈⋯　Ⅲ．①中小学—师资培养—研究　Ⅳ．①G635.12

中国版本图书馆 CIP 数据核字（2020）第 136362 号

□责任编辑：魏　昆　□封面设计：方　圆
□责任校对：田　爽　□责任印制：许　冰

东北师范大学出版社出版发行
长春净月经济开发区金宝街 118 号（邮政编码：130117）
电话：0431—84568105
传真：0431—85691969
网址：http：//www.nenup.com
东北师范大学音像出版社制版
辽宁新华印务有限公司印装
沈阳市张士经济技术开发区中央大街六号路 14 甲－3 号
（邮政编码：110021）
2020 年 7 月第 1 版　2020 年 7 月第 2 次印刷
幅面尺寸：169 mm×239 mm　印张：12.25　字数：166 千

定价：71.00 元

序

    教师从事的是塑造灵魂、塑造生命、塑造人的工作，其艰巨性与复杂性，难以用语言表述完备。

    青少年是一个个鲜活的生命，他们的生命基因、家庭情况、情智水平、兴趣爱好、行为习惯等等，各不相同，各具个性，教师要进入他们的世界，了解、熟悉、摸清他们的内在需求，绝非一日之功。而且，他们天天在发展，天天在变化，有的平稳向前，有的起起伏伏，有的突然拐弯转向。教师不把心贴在他们身上，就不能洞悉他们的变化，当然也就谈不上因事而教，助推成长。当今，社会上的价值多元、文化多样，信息工具普及，学生生活在这样的时代大潮中，思想、行为、性格、爱好、追求等，无不打上时代的印记。教书育人工作中的新情况、新问题层出不穷，如何应对，如何破解难题，是每位教师都要面对的。因此，每位教师都须攻坚克难，用勤奋与智慧提升教育质量。为此，教师自己的成长，教师队伍的建设就成为教育的重中之重。

    教师是培育学生成长、成人、成才的人，首先自己应该是一个堂堂正正、光明磊落、有社会担当的人，以自己高尚的人格、高雅的情操熏陶感染学生，引导他们形成完善的人格和健康的审美情趣，以扎实的科学文化学养激发他们旺盛的求知欲，引领他们打下科学文化基础，并有向科学宝库、文化宝库积极探索的强烈兴趣。故而，古今中外对教师几乎都有共同的要求，那就是：德才兼备。教师要做"谦谦君子""人之榜样"，要"腹有诗书气自华"，有厚实的学术文化功底。然而，在当今时代，还得有新的要求。《国家中长期教育改革和发展规划纲要（2010—2020年）》中关于教师队伍建设的要求是：建设一支师德高尚、业务精湛、结构合理、充满活力的高素质专业化的队伍。显然，"结构合理"是教育行政部门须考虑的，而"充满活力"却是教师须探索并加以落实的。这是时代的要求，在从事教育教学工作中须强化创新意识，发挥创新精神，锤炼实践能力，精神饱满，气宇轩昂，满怀自信去创建优质教育。

直面教育现场，教师加强研修、自觉成长自然就成为应有之义。人的成长是一辈子的事，学历水平不等于岗位水平，因为教育不是一个结果，而是生命展开的过程，永远面向未来。在当前社会急速变化的情势下，要想挑起立德育人的刚性责任，创造教育教学的精彩，教师就须自觉地与学生一起成长。

成长有众多因素，与同行交流是其中有效途径之一。现场倾听交流是一种方法，阅读同行的文字表达也是一种方法。东北师范大学出版社组织撰写的《教师素养系列丛书》就是针对教师素养的几个方面从理论与实践结合的高度进行探讨、交流的，以期心灵感应，取得更多共识。

祝愿教师同行通过阅读交流，有所启迪与借鉴，走向优秀、走向卓越的步伐更扎实，更敏捷。

于　漪

目　　录

第一章

剪辑来的场景

罗丹说过："美是到处都有的，对于我们的眼睛，不是缺少美，而是缺少发现。"

当我们用一双明澈的眼睛，聚焦教师工作的舞台，会发现生活中有很多耐人回味的场景，无一不与教师的审美情趣有关。

场景1　对一幅学生画的几种解读

无意中见到一幅学生的画，画面的中间是一头硕大的"鱼牛"——鱼的身子、鱼的鳍和鱼的尾，长着牛的"附件"：四肢和头角。"鱼牛"身上长有可爱的斑点花纹，还有胡须和巨乳。（见下图）

"鱼牛"是一条池塘中的小鱼儿对自己的未来所做的想象，是被一只青蛙激发出来的想象。青蛙说："你看我们的池塘，水越来越少，看样子就要干涸了。真要干涸了，怎么办？"——怎么办？小鱼儿没有办法。它既不能唤来龙王往池塘里灌水，也不能把自己拎出水面丢进大海。它唯一能做的就是想象，想象自己变成一条可以在陆地上行走的牛，可以吃草，可以挤奶，可以打架嬉戏。

一次培训讲座上，我把这幅画展示给老师们看，并询问他们是否喜欢。

一位教师说："不喜欢。这个孩子缺少生活常识。世界上不可能有这样的动物。即使想象，也应该在生活的基础上。就算是牛，也不能既长了胡须、牛角，又长乳房。"

另一位老师说："我喜欢。因为我觉得这条'牛'色彩很鲜艳、很可爱。不像我们人，要完全靠衣服来装扮自己。"

我问："如果这个是你的学生在美术课上的作业，你打算给他什么分数、什么评语？"

一位老师说："给他70分吧。他的态度还是很认真的。"

另一位老师驳斥他说："我看这位学生不认真。他应该在画画之前，到外面去考察一下牛的样子。也许他只喝过牛奶、吃过牛肉，没有见到过黄牛或者奶牛长什么样子，所以画出这样'四不像'的东西。如果是我，我会给他不及格，让他回去重画，告诉他学习是严谨、科学的事。"

这时一位女教师站起来激动地说："如果是我，我要给他90分！你看，这幅画给我们多大的启发！我们人类再不爱惜地球、珍惜水源，池塘干涸，小鱼儿和青蛙都会从地球上消失！这个意义，还不重大吗？"

同样的一幅画，教师们对它的观感和态度是如此不同。让我想起另一幅学生的作品。那是2014年3月在澳大利亚昆士兰州斯普菲尔学校看到的作品：画面上一个男人，身形恐怖，面色苍白，胳膊上鲜血淋漓。他一只手揪住面前一位女子的头发，另一只手放在女子的肩上使劲儿推；那个女子，似乎在拼命挣扎。初一看，你会觉得恐怖、暴力。但是，如果你定睛再看，这幅画的背景是墓碑林立的墓地，你的感动和温暖便油然而生。这个男人，是索命的魔鬼吧！那个女子，是阴阳边缘挣扎的人吧！在画者的心里，这个女子，是他的母亲、姐姐，还是伙伴？画者的心中是深藏着一个因梦境而生的恐惧，还是因深爱而担忧的别离？小小的少年，对世界和生命的朦胧感知，对感情的初步体味，让他的小小心灵恐惧而忧伤。这种恐惧和忧伤，沉在内心深处；天真烂漫的笑靥，无忧无虑的嬉闹，都只是一种表象。真正的灵魂无助与忧郁，是日常生活中的语言难以表述的。

这种感觉，很多人应该都很了解。在孩子时代，对自己所爱的人有深深的依赖，也因此有很重的失去依赖的恐惧。但是，这个恐惧是深层而隐秘的。没有哪个孩子会轻易说给别人听，然而不说不表明不存在，很多人就那样埋在心底，让自己在半夜醒来惶恐不安。

这个学生用线条和符号表达了他隐秘的心事。很显然，这是灵魂的表达。黑色的房子打开了大门，也就透进了光亮。庆幸这个孩子有这样表达的念头和机会，说出来也就如释重负了。他轻松了，同时看到这幅画的孩子，也因此得到发泄和安慰。

但是，这样的学生画放在中国，是不会有学校愿意像澳洲的这所学校，把它精心装裱起来挂到校园的艺术墙上。人们会认为，画的色彩太灰暗了，主旨太混乱了，表现的人生态度太不积极了。这种消极和"不明所以"，即便在成人的生活里也要批评，何况在纯真的孩童世界呢？创作者几乎有"问题少年"的嫌疑。

同样的作品，不同的教师读出的是不同的意味，不同的教师也给出不同的态度。教师的审美趣味，真的是教师个人的事情吗？

场景2 李白笔下，庐山瀑布没有"白发"长

一天中午，身为中学语文教师的安老师正在埋头批改作业，突然接到他的中学同学——现在同样是教师，只不过是大学物理教师、典型的"理科男"小文打来的电话。电话里"理科男"热烈地"控诉"说："你知道吗？庐山瀑布根本不像李白所写的那样——'飞流直下三千尺'，庐山瀑布的水量并不像李白所说的那样大！"

安老师乐了，开玩笑说："现在是旱季吧，旱季的水量当然不大啦。"

过了半年，"理科男"又从庐山上打来电话说："告诉你，雨季庐山瀑布的水量也不大！"

安老师愣了愣，突然想跟这位喜欢顶真的老同学开开玩笑，于是说："你是现代去的吧？"挂断电话，安老师心想，有本事你穿越到古代去看看。

没想到过些时候，这位同学又打来电话，愤怒地说："这个世道，只迷信权威，不相信事实——我考查了历史文献，古代庐山瀑布的水量就不太大。我写了篇论文，可是没有人愿意发表！"

安老师忍不住哈哈大笑，然后说："你不应该考证'飞流直下三千尺'，

你应该考查的是'白发三千丈'。你瞧，'白发三千丈'，多么'无稽之谈'，谁的白发能长成三千丈呀？世界上最长的头发也到不了一米六呀？跟白发相比，庐山瀑布真是太'短'了——只是'白发'长度的十分之一呢。"

为什么千古名句，在"理科男"这里就变成"胡说八道"呢？

无独有偶，九百多年以前，大科学家沈括有一天夜半读书，读到杜甫的《古柏行》，"霜皮溜雨四十围，黛色参天二千尺"。沈括做了一个简单的计算——这棵树树高二千尺，直径仅七尺——他发出一声惊呼："无乃太细乎！"同时他还发现，司马相如的《上林赋》、白居易的《长恨歌》，都有若干地理、史实、数字上的错误，他生气地把这些都写进《梦溪笔谈》，并放在"讥谑"部分，认为这都是"文章之病"。

为什么有些人的圭臬，却被另一些人视为毒药？原因是思维方式和价值取向不同。在科学领域，"真理和事实"是唯一的追求；在文学领域，"表情达意"更为重要。为了达到某种表达效应，素材上的"嫁接"、"无中生有"的想象、"言过其实"的夸张，都是正常且必要的"艺术手法"。鲁迅先生在《我怎样做起小说来》一文中说："所写的事迹，大抵有一点见过或听到过的缘由，但绝不全用这事实，只是采取一端，加以改造，或生发开去，到足以几乎完全发表我的意思为止。人物的模特也一样，没有专用过一个人，往往嘴在浙江，脸在北京，衣服在山西，是一个拼凑起来的角色。"文学的创造，正是基于生活而高于生活的过程。可是，很多"理科生"很难理解和接受这些。即便接受，也往往不那么喜欢。

审美趣味的背后，思维方式的作用不容小觑。

场景3 一次由《色·戒》引起的谈话

日伪时期，汪精卫政权在上海设立了特工总部，主任丁默邨是原国民党政府的情报官员。在汉奸李士群撮合下投靠日伪，从此血腥镇压爱国志士，在1939年至1943年不足四年的时间内，就制造了三千多起血案。外国记者称之为"婴儿见之都不敢出声的恐怖主义者"，国人则称其为"丁屠夫"。

为此，国民政府中统局委派当时担任抗日地下工作，风华正茂、美貌超凡的爱国青年郑苹如实施"美人计"以铲除汉奸。不幸计划失败，郑苹如被秘密杀害，就义时年仅 26 岁。

张爱玲把这个故事写成小说。但是小说描述的不再是救亡英雄的战斗史，而是一曲"爱情"的挽歌——张爱玲在这部小说卷首语点题道："这个小故事曾经让我震动……爱就是不问值不值得。"

张爱玲是一个善于引诱读者"入场"的高手。不管在读小说之前，你持有怎样的人生观念，她都有本事凭借她那不冷不热的言辞，让你不知不觉地在她布下的"迷魂阵"中迷失。除了感受她要你感受的那种情绪和意念，你几乎很难跳脱出来独立冷静地思考和判断，做了"俘虏"还浑然不觉。

2008 年，这部小说被李安导演搬上银幕，饰演汉奸的是香港明星梁朝伟。在李安导演口口声声"绝不敢唐突女作家的声名"的表白中，这部电影毫无疑问保持其"情殇"主题。

高中三年级一品学兼优的学生看完电影后，回来在"随笔"中大发感慨：国民政府真是惨无人道。为了自己的政治阴谋，不惜牺牲年轻少女的爱情甚至生命，反观在暗杀的风险中进进出出的"梁朝伟"，多么机警、淡定、帅气啊！我爱他！

老师找来这位学生，说："你一直喜欢梁朝伟？"

学生神情激动地说："是的是的！我喜欢他，我好喜欢他！"

"为什么这么喜欢他？"

"他的眼睛很迷人，水汪汪的，又那么忧郁、内敛，让人心疼。"

"要是他每天杀人，还勾结流氓、强盗来烧房子、抢东西、侮辱妇女呢？"

"怎么会？"

老师递给这位学生丁默邨和郑苹如的有关历史资料，特别是被汉奸杀害的那些爱国志士的照片和故事，学生的泪水涌了上来。

老师问："你还喜欢梁朝伟吗？"

学生愣了一会儿，似乎醒悟过来，说："汉奸是汉奸，梁朝伟是梁朝伟呀。"

"这就对了，梁朝伟是梁朝伟。因为他帅气、刻苦，塑造了很多成功的角色，你喜欢他，这很好，很正常。但是，他所饰演的那个汉奸，是个杀人不眨眼的恶魔，多少年轻的、充满青春朝气、不惜奉献个人的生命也要为中国同胞贡献一己之力的生命，就是在他的手下身首异处。你也爱吗？"

老师接着说："个人喜好是个人的事情，但是，社会无论怎样多元，爱国家、爱同胞、爱正义，都是原则性的底线，趣味是基于底线的事情。"

学生认真地点点头，似有所悟。

场景4 有几人没有见过暮色黄昏

"那是去年七月的事了。在图书馆读了一天的书后回家，经过家门口的小桥流水，抬眼，是万里的云霞汹涌。是受上天眷顾的吧。正好带着相机出门，有幸记录这一刻。"

"后来美术课说要做亚克力，老师也说了希望取材来自于生活。我便想起了这张照片。这是我的第二幅亚克力画作。我想知道自己可不可以画出眼中所见的那种冲突——地平线之上的灿烂，地平线之下的深邃。"

"那种千言万语呼之欲出最后却泯然一笑的洒脱。"

今年5月，王老师前往台湾讲学。在台北女中的电梯口，看到一幅亚克力画，画面上是云霞漫卷、大地静默。作者是：台北女中陈有宜。

王老师大为感动。

感动的是学生可敬可爱的生活姿态。

一个女孩，正当少年。这个世界有多少诱惑啊。百货公司里各种物品琳琅满目，美食店中各种食物香气袅绕。这个16岁的高中生，在炎热的7月，跑到图书馆"读了一天的书"，然后"经过家门口"，低头看见"小桥流水"，抬头发现"云霞汹涌"。这在一般人眼中的寻常景色，她不仅视为风景，而且沉浸其中，一步步踱进深层次的思考状态："地平线之上是绚烂，地平线之下是深邃。"

这让人想起先哲。孟子说"食色，性也"；孔子说"未见好德如好色"；苏格拉底说"虽然饮食色欲也能给人快感，但那是放纵、诱惑领域里的事情，是低俗的"。

台北女中的这个女孩，还在风华正茂的年段，就在读书、思考之中修炼自己的生命姿态。

> 我们学着只争朝夕。
> 人生苦短，
> 道路漫长，
> 我们走向并珍爱每一处风光，
> 我们不停地走着，
> 不停地走着的我们也成了一处风光。（汪国真《走向远方》）

这是汪国真的诗句。汪国真的诗句很美，但是生命的格调比较晦暗。即便人生走出了风光，背景仍然是"生命苦短、道路漫长"的忧郁和无奈，人生又怎么可能真正成为风光？台北女生的不同之处在于，她足够独立，也足够坚强。她给自己建设一个完全独立的精神世界，保障自己既能热忱地跻身社会，又能从容地超然物外、随时随地娱乐自己。

在这个世界上有一个小小的精灵，鲜活灵动，那是独立自由的"自我"。

当老子面对声色犬马，摇摇头探口气说"五色令人目盲；五音令人耳聋；五味令人口爽；驰骋畋猎，令人心发狂"的时候，他站在世俗的边上。

当孔子面对洋洋长河，叹口气道"逝者如斯夫"的时候，他其实沉浸在自己的思虑世界里。

当一个七年级的小学生提笔写道：

彩　虹
雨后的力量
积攒在空中

> 只等阳光
>
> 睡醒的一刹那
>
> 你就一跃而出
>
> 展现出你的风采

这时候，他就是世界。在大千世界之中，用美的情趣营造一个自己的世界，任自己的思想在其间摇曳多姿，是一件多么高贵而美好的事情。

场景5　小巷子里的风光

有一天，一位考上大学的学生给她打电话，他说自己心情不好，觉得"没劲"，希望跟她这个过去的老师聊聊。

老师请他陪她一起上班。学校离家不远，走路也就十几分钟。他们一路走，学生一路抒发他的郁闷之情。其实也没什么"悲催"的事情，只是"没劲"而已。

很快走到了学校，老师停下脚步，说："刚刚一路走过，你看见什么没有？有什么有意思的东西没有？"

学生说："没有呀，就是很多汽车和行人。没什么新鲜事儿。"

老师说："不对吧。

这条路虽然不长，但是要穿过两条小河、一段巷子。第一条小河叫走马塘。为什么叫走马塘呢？显然不是现在取的名，说不定包裹着一个叱咤风云的故事。走马塘浑水滚滚，走在旁边的人，会感慨环保工作的不力。但浑水归浑水，风景归风景，河岸是由石头砌成的，时间久了，石头缝里长出了小树。在靠近桥面的那棵小树边，经常有一只小乌龟在那里晒太阳。据我推想，这只乌龟四岁了，我是看着它长大的。我每次路过的时候都看看它，我每年都给它拍照片。看到它我就安心，觉得它正常生长，它是我心底的秘密，一个充满生机和快乐的秘密。

再过去一点，是那个气势壮阔的十字路口，车水马龙，刚刚在那里等了很久的红灯。但是老天厚待，马路旁边有一个绿化带，上面种满了花花草草。黄色的花，那是云南黄馨；红色的花，那是美人蕉；还有很多很多，我叫不出名字，只有任它们自顾自地灿烂。早春的时候，我会试试黄金树的下面是否有野葱。你猜怎么着？当然有。我把它采下，小心翼翼地放进我那只唯一的名牌包里，到办公室后取出来保护好，晚上带回家，盯着先生把它切碎，拌进鸡蛋，放进锅里嫩嫩地一煎。嘿！那个香。

再向前，是一条小巷子。别小看这条小巷子，里面有丰富的社会和人性。刚刚你一定看到那个半老不老的男孩，他总是一早来到这里，摆开一个大书摊。书多半是脏的，让你以为这是一个旧书摊。如果你定睛细看，就会发现他这里有最世俗的裸体画，也有最畅销的易中天。但是行色匆匆的过路人，骑着车子上班、下班的人，谁会是热心买书的人呢？我从没有看见他做成一次生意。他总是坐在书堆中不声不响，以前是看书，现在玩手机。我一直疑惑他的身份，担心他的生计。我一直想找机会跟他聊聊，又担心自己太孟浪了。这是早晨，再晚一点，小巷里还有卖盆景的人、卖袜子的人、卖假古董的人。过去有抱着孩子卖黄碟的人，偶有争道吵架的人。

这条巷子的中间是一座桥，桥下面的河里跟走马塘一样浊水翻滚。一次大雨过后，一大条鲶鱼在河面亮相。鲶鱼是黑色的，作为食材它是一个禁忌，但是在毫无生机的河面上，它给我很多期待。那天以后，每每路过，我总要站在桥上细细观看，看看会不会有另一条鲶鱼给我个昙花一现。今天没有看到这条鱼，但是我相信它一直躲在河里自由自在。想想它，也算是'看到'了。

小巷子的尽头有四根铁桩。宽大摩托的车主为此颇伤脑筋。我是靠脚行走的人，当然畅通无阻，在他们面前昂然而过的感觉其实不错。小巷子的两边是高墙。高墙的上面郁郁葱葱，那是构树，也叫谷树。过去农田荒芜，田里生树，生出来的就是谷树。到目前为止，谷树都是野生的。谷树有很多种，不一样的谷树会长出不一样的叶子。它表明这里曾经是庄稼的地盘。现在，它变成同济大学分校的校园了。

同济大学分校曾经是一个职校，是在高校扩招的风潮中攀上的高枝。大门里侧的几杆竹子、一个假山，一年四季风光变幻。有时候会有黄鼠狼在面前一闪而过，有时还会看到一大片蘑菇在梧桐树脚下郁郁地生长。

路边还有煎饼果子、文印店、水果摊。

我每天就是一路走、一路看、一路把古今中外、景物与情思进行勾连，觉得世界庞大而绵密，其间有无穷的神奇和奥秘。

这样一条十几分钟的路，就提供我们很多趣味了。

你再回去走一遍，看看接下来的十几分钟，你会不会感觉'有劲'一点？"

学生若有所悟，回头重走这条路。当晚发来短信说：

"我每天生活得机械而粗糙，把'情意'从生活中抽离。生活于是给我麻木的面孔，这是对我无'情'的报复。有情，才有爱；有爱，才有美。要想使生活美好，应该从有'心'开始吧。"

老师的上班路从此又多了一层内涵。

场景6 在大自然的课堂里

阳春三月一个周日的清晨，肖老师带着一群小学生来郊区踏青。绿色渐成气候，一大片一大片地铺展着。河水潺潺，偶有农民在地里劳作。老师给同学们出了一个题目：

"谁能用一个词或一句话，把这里的景色描绘一下？"

"春天来了，有几个农民在干活。"一个学生说。

"不好，没有诗情画意。"

"一年之计在于春。"一个学生脱口而出。

"人勤春早。"又一个学生得意地回答。

"随风潜入夜，润物细无声。"

"碧玉妆成一树高，万条垂下绿丝绦。不知细叶谁裁出，二月春风似剪刀。"

同学们脑海中的诗句纷纷跟眼前的景色对应起来。

到了海边，这些第一次面对浩渺大海的少年们手舞之，足蹈之，像一群叽叽喳喳的鸟雀，简直忘乎所以。

"同学们，此情此景，你们静下心来，脑子里会浮现出什么呢？"

"两岸青山相对出，孤帆一片日边来。"

"海上生明月，天涯共此时。"

"孤鸿海上来，池潢不敢顾。"

"春江潮水连海平，海上明月共潮生。"

一位小女生的眼里满是神往："小时候，我最喜欢的童话就是普希金的《渔夫与金鱼》。今天我第一次来到海边，多么希望那美丽的小金鱼，真的会从大海深处游过来，摇着那美丽的尾巴，对我说：'你好，我们一起做游戏吧……'"

女孩的畅想勾起了更多人的回忆。同学们情不自禁地围成一圈，滔滔不绝地说开了。

老师呢，已是一位忠实的听众，陶醉在学生的故事里。

场 景 7　音 乐 的 力 量

近些年，学生对"圣诞"的重视度与年俱增。早在半个月前，买卡片、购礼物、筹划圣诞活动就一浪高过一浪地冲击着这些青春的心，发展到最后已经演变成物物的交换。绝不能让这种庸俗之风泛滥。正巧，我得知商城影剧院有一场圣诞夜合唱音乐会，于是我把学生带到了商城。

当大幕拉开，灯光变暗，只看见一架钢琴上点燃着两支蜡烛。荧荧烛光中，隐约可见端坐在钢琴前的一位少女。她穿着海蓝色的长裙、白色海军衫，静静地等待着，虔诚地等待着。片刻，她微抬起双手敲向琴键，幽雅的"平安曲"响起——

这时，在台的右侧出现了两队少女，与弹琴的少女一样穿着。她们每个人的手里托着两支点燃的蜡烛。她们款款前行，从台的右侧走出，又步步登高，走上早已准备好的台阶上，排成四列，站定了。于是我们的眼前出现了一片烛光，由下而上，左右交叉，烛光摇曳闪烁着，歌声低吟浅唱，圣诞夜安宁、温馨、平和、高雅的气氛一下子弥漫开来，充彻每个人的心头。这是一种超凡脱俗、文化气十足的氛围，你很难排拒这种氛围的吸引。这魅力是来自于音乐的。我环视左右，同学们也都屏声静气，沉浸在精神享受之中。

两天后，我读同学们的随笔，无一不由衷地赞叹圣诞夜的音乐会。我摘选了几则来纪念这次活动。

学生 A：圣诞夜音乐会最令我感兴趣的是指挥曹丁，我一下子就记住了这个名字，并且永不会忘记。据说这是一个小有名气的青年指挥家。乍见他心中难免发笑：这是艺术家的形象么？肥胖的身子把燕尾服撑得差点儿炸线；硕大的脸庞上架着眼镜；腿，柱子似的，以致走路都笨拙。哪里有一点儿指挥家的艺术气质，活脱脱像一只南极企鹅。谁能料到两支曲子后，人们的注意全被他吸引。他全身心地投入，丰富的肢体语言，不能遏制的激情，唤起了全体观众心中对艺术的崇敬。演出结束后大家拼命地鼓掌，以致加演了四首曲子才作罢。我的眼里只有一个技艺精湛的艺术家的高大形象，先前所见是多么肤浅啊！由此想到，一个人不是因为美丽才可爱，而是因为可爱才美丽，何止女生如此呢？

学生 B：这场音乐会使我领悟到"听音乐"之说实在不全面。音乐要看，要观赏。只有当你的眼睛看到舞台上那几十人的屏息待命，看到指挥从台的右侧翩然而至，看到那魔棍第一个细小的动作下，台上几十人的律动，那十几把提琴掀起的音乐微澜，你才会真正懂得什么是音乐，才会真正被带入音乐的王国。感谢老师为我们组织这么精彩的圣诞活动。

学生 C：原以为听音乐只是愉悦、享受，哪知还长见识。我看那指挥的动作时而热情奔放，时而严肃冷峻；时而刚，犹如指挥千军万马；时而柔，犹如面对情人羞涩地倾诉。我懂得了音乐是生命的精灵，指挥也可以是舞蹈。

学生 D：十几年来，我第一次感受到合唱的魅力，希望老师今后多组织这样的活动。

场景8 都市雕塑的不同风格

这是一节美术选修课，年轻的美术老师带着他的二三十个学生，来到了刚刚完工的南京路步行街。他们将以步行街的环境雕塑作为鉴赏对象，领略环境雕塑艺术之美。

老师说："同学们知道，环境雕塑是人类文明社会的产物，早在古希腊和古罗马时期，人们就在广场等公共场所为著名运动员和历史人物雕塑。到了文艺复兴时期，纪念碑式雕塑、园林雕塑、喷泉雕塑，在建筑环境中发挥出特有的功能。到了20世纪初，大量的雕塑从室内转向室外，从展览馆、博物馆走向街头河畔，走向大众生活。城市雕塑也与建筑一样，成了一座城市甚至一个国家、一个时代的鲜明标志和象征。如纽约港面对大西洋的自由女神像、丹麦哥本哈根朗厄里尼港湾的丹麦美人鱼塑像等。上海近几年的城市建设在这方面也正在和国际接轨，力图以艺术的手段创造一个美的、舒适的环境。我们眼前的这尊雕塑位于南京路西藏路步行街口，同学们可以从不同角度观赏一下，看能不能理解设计意图，感受到它的美。"

学生三三两两小声交谈起来。

一名学生说："老师，你看我的理解对不对。这雕塑展示的是一个三口之家，周末购物休闲、其乐融融的场景。活泼可爱的女儿大概走累了，此刻正骑在父亲的脖子上，手执三只气球，弯下腰对父亲撒娇；身边的漂亮妈妈提着包，正注视着身边的一大一小。他们三个的脸上都写满了欢乐和幸福。可是，为什么雕塑家不用古铜的自然色而设计成黑色呢？是不是太压抑了？"

老师回应："你的问题提得很好。城市雕塑是环境雕塑，必须注意环境因素。环境就是画面的背景，雕塑是画面的主体。南京路步行街是商业区，整个环境是赤橙黄绿青蓝紫，缤纷亮丽。在这样的背景下，只有黑才能'盖压群芳''一枝独秀'，而且相得益彰，十分和谐。以后观赏城市雕塑，一定要注意这一点。"

另一名学生说："老师，像这类雕塑我们还能欣赏。现在的城市雕塑更多的是抽象的作品，简直看不懂。"

老师笑着说："跟绘画一样，在雕塑艺术中，我们一看就懂的是传统雕塑。如米开朗基罗的《大卫》、罗丹的《思想者》、米隆的《掷铁饼者》等都是杰出的代表。传统雕塑讲究逼真。你们看，这位年轻母亲身着的裙褶，明暗交接线处理得如此流畅，完全是一种随风飘拂的动态感，栩栩如生。到了20世纪从法国的毕加索开始，雕塑家们开始用几何形体来概括形象。通过简单、明快的线条，几何体积的各种元素构成雕塑，既可表现某种形象，又可表现比较抽象的意念，人们称之为现代雕塑。欣赏这样的雕塑需要想象和联想，关键是抓住标题。标题往往是解读的钥匙，是联想、想象的出发点和归宿。有的现代雕塑还得结合背景资料去考察，才能体会它的审美价值。比如，外滩黄浦公园里的三根汉白玉石柱，是为了纪念在上海解放战争中献身的英烈而塑的。远远望去，它就像滔滔的黄浦江水掀起的巨浪，寄寓了历史难忘、英烈永存的深刻含义。如果割裂它的背景资料，那就看不懂了。"

场景9 "请让我们走近你"

在一份名叫"园丁"的校刊里，曾经见到过这么一篇教师写的散文，是一曲师生关系的颂歌。

永远的感谢

一个阳光很好的午后，我坐在办公室里批阅周记，班长陈吉伟走进来，很有礼貌又略带不安地说："陈老师，我在周记上写了一首诗送你，很不成熟，希望你不要介意。""是吗？那我谢谢你了。"

这个陈吉伟，生性孤傲，但有些才气，常在周记里弄点儿小诗、散文之类的"请教"我，今天又出什么花样了？望着他的背影消失在阳光里，我随手抽出了他的周记本。

赠陈老师

你是一本书，我们研究不透的书。/把一腔复杂多变的、迷离纷乱的、飘忽丰富的情感，深深地隐藏在平静或微笑的面孔之下，让人看不清你的内涵。这，或许是你！/你惊人的、出乎意料的情感自制力，让我，让每一个敬重你而又认为你是看似好解、实则难解的谜，从而想解开它的人诧异、咂舌不已。同时也忽发疑问：这有无必要？/请让我们走近你，/不要老是让自己生活在暮色里，一切都在复苏，一切都在从头开始，一切都来得及。

从未如此震惊，从未如此清醒，一阵灵魂的战栗从心的深处发出，传遍全身又回到心的深处。

那晚我久久地伫立在窗台前，深邃的天幕上月光皎洁，星辰闪烁。这闪烁的星辰多像同学们疑惑的目光，鞭挞我反省一年多来师生交往的桩桩件件。尽管我在班级工作中坚持正面疏导、以柔克刚、春风化雨，把有 42 名男生的班级带得井井有条；尽管我希望能和同学们平等融洽、形同朋友，而且表面上似乎已经达到了这种境界，还常常自我陶醉于这种境界，但手中的这首小诗告诉我一个严酷的事实：这只是自己一手造的幻影。我和学生的心理距离、情感距离不仅存在，而且正在日渐拉长……

"请让我们走近你！"我的心无法抗拒这样的呼唤。第二天，我在班里读了陈吉伟的诗，并真诚地希望每个同学给我一个坦率的忠告。

晚上，橘黄色的台灯下，我打开了封封洁白的书笺。

"老师，你是经历了'文革'磨难的一代，也许虚伪和倾轧使你吃够了苦头。但对于学生，你是不必设防的，永远不必。"——这是许涛的。看似单纯的许涛，竟有如此见地。

"老师，你还记得吗？那个星期天，我和陈亚海、蒋玉林几个来到你的小屋，请教你当时有争议的一篇小说。我们是怀着满腔真诚、几分敬重来请教你的，而你却用一些模棱两可、说等于不说的话敷衍我们。回去的路上，我们几个谁也不说话，大家的心里都是沉重的失望。"——我记得，当然记得。那天，我还暗暗欣赏自己的机敏呢。

我的脸一阵发烧，鼓足勇气又打开了一封信笺：

"老师，上学期大考，我们班得了年级总分第一名，你不敢同我们一起鼓掌欢呼，大概怕有人说你骄傲；最近我们班在球赛中'含冤'败北，你不敢跟我们一起发牢骚，大概怕有人说你不豁达。老师，喜怒哀乐，人之常情，领袖也要从神坛上走下来，何况一名教师呢？"

"老师，你也是班级上的一个成员，何必封闭自我，不让学生走进你的世界呢？"

"赢得尊敬不易，赢得亲近更不易。老师，我们尊敬你，更希望亲近你，我们才会在心底接受你，同时接受你的教育和影响。"

……

不知什么时候，我的脸上已布满了泪痕。这42封信笺的字里行间饱蘸着"真诚"。这是学生对我的呼唤，是学生对教师的呼唤，是现代学生对现代为人师者的呼唤，是时代精神在青年一代身上的折射，也是师生关系美的历史回归……

橘黄色的灯光把我的心包融在一片温馨之中，而我的灵魂从这些洁白的信笺中得到了过滤和净化。

教师为何要将天性磨成一块圆滑的卵石，或者套上重重甲衣，做一只密不透风的茧，来隔开学生的世界？"千教万教，教人求真。"教人求真，为人师者，自己首先得做端正的印章，刻印下自己方方正正的人格。在自己的历史上，也在学生的心灵上。

观念有一种神奇的力量，当我洗涤去历史积压在性格中的沉淀，走出了认识的误区，我的青春回归了，我的心窗敞开了。我以完全平等的身份，与学生们谈学习、工作、事业、人生，还谈友谊和爱情。再也不顾虑重重，再也不回避矛盾。喜怒哀乐、优点缺点，我都毫不掩饰地袒露在学生面前。只要我心真诚，我的世界扩大了，从教的日子变得轻松而美丽。

还是一个阳光很好的午后，教室里，毕业联欢会正在进行。"下面请陈吉伟代表全班同学给陈老师赠言。"在如雷的掌声中，诗响起来了——

没有威严，而你是良师；只有微笑，而你是诤友。

我们走进了你的世界：阳光下一片青青的草地。

不管岁月如何改变你的年龄，心中有永恒的青春。

我们该怎样生活、做人，你已经教会我们，为着你所给予的一切，老师，我们永远敬你、爱你、感谢你。

在那样温馨、真挚、充满了爱意的氛围里，除了哽咽着说一句"谢谢""谢谢鼓励"，我再也无法用语言表达什么了。

我的学生们，这些可爱的学生们，你们应该知道，改变了我，使我年近不惑、童心不泯、历经磨难、朝气依旧的就是你们呀！你们帮我找回了迷失的自我，给了我终身受用的东西，教会我乐观豁达地生活，我将用自己全部的生命来感谢你们，回报你们——我的莘莘学子。

场景10　女作家的风范

初见王小鹰，是在杨花纷飞的校园里，她应邀为校文学社成员讲课。能亲聆上海颇有影响的女作家谈文学，大家都怀着仰视的心情。两个多小时侃侃娓娓的叙述在学生的掌声中结束，当组织者红着脸局促地奉上微薄的讲课费时，却被王小鹰坚决阻止了，并且还意外地许诺下次为文学社成员评改习作。

这许诺很快兑现了。那是一个暮春的午后，淮海公园门口聚集着一群中学生，神情兴奋而激动。比约定的时间过了十几分钟，王小鹰气喘吁吁地跑着赶来，一迭声地抱歉。她快速地打开提包，取出三四十篇加了红笔批语的习作发还学生，又很快选定了树荫下的一片山石。学生们三三两两围着王小鹰坐下，聆听一位专业作家对自己习作的指导和评点。

暮春的太阳已初具功力，周围嘈杂的人声使王小鹰不断提高嗓音，没有茶水。一幅茅公《风景谈》中的动人画面……

让我们略去王小鹰所做的评点，读一读文学社成员后来所写的心灵感受吧。

"印象中，当女作家少有漂亮的，但王小鹰漂亮，而且是一种特别的漂亮，以至在如流的人群中你不难发现她。大约 1 米 58 的玲珑个子，额角饱满宽阔，一对少女般充满幽思梦想的眸子嵌在天生就黛黑色的眼眶里，双眼皮那样深刻地重叠，任何化妆都不能如此地自然熨帖。这份端庄的仪容加上脑后一个随意的发髻，构成一种高雅贤淑的文化气质，洋溢着古典美，令人想起一首意境悠远的宋元词曲。"

"淮海公园那一幕后，我对王小鹰称包括她自己在内的'老三届'为'20世纪最后一代理想主义者'有了深刻的感悟和认同。一个成名作家甘愿为青年学子无偿地付出她的热情和劳动，不是理想的召唤又怎能解释呢？尤其在物欲横流、艺术异化的今天，在生活中寻找、发现一切理想的、美的事物讴歌它，催进其生长，而且在个人生活中执着、坚持以理想为目标的美的追求。这，或许就是王小鹰。"

"两次听王小鹰老师讲课后，我开始读她的散文集，发现她兴趣广泛。国画、古典戏剧都喜欢，而且都拜师学习。她把这一切兴趣爱好戏称为'脸上那两条多余而不多余的眉毛'，真是生活大智者的妙喻。一张脸上，目能视、鼻能嗅、嘴能说、耳能听，眉毛呢？看似多余，然而把它剃去看看？左右不像张脸了。对于一个作家，看似可有可无的'眉毛'，无一不加固着她的民族文化素养，影响决定着她的审美理想和审美情趣，并化为她一生的投影。"

"王小鹰老师给我的感觉是宁静致远。她似乎不善高谈阔论。所有偏激的字眼，什么浮躁、好胜、刻薄、嫉妒、消沉、颓废全沾不上身；文坛上演的林林总总的流派、大起大落的悲喜剧也与她无缘；诸如'下海''玩文学'之类的字眼更没有用过。她似乎只是抱定一份清醒和豁达，认真地做她的文学，不偷懒也不取巧。这份聪慧，在女性，尤其在女性名人中是少见。也许成功失败、毁誉荣辱对她不是最重要、最在乎的东西，因为写作本来只是生活的一部分，永远不会是生活的全部。"

"在自然万物中，我最欣赏小溪。它自诞生的第一天起，就哼着小调，貌似悠闲实则不屈不挠地一寸寸地浸湿土地，一寸寸地推移前进，遇到大山、顽石，'山不转水转'，奔向早已注定的目标。我感觉，王小鹰老师就是这样一条小溪。"

场景11 十分钟是金

阴天。

停电。

下午第三节，高一（6）班的语文课。

离下课还有十分钟。

"同学们，今天你们辛苦了，老师很感动，同时也特别想知道身处在此时这样'暗无天日'的特殊环境下学习，你们有什么感想？希望每位同学用一句话来表达自己的感想。请思考两分钟。"

两分钟后，同学们开始轮流发言——

"黑暗中，眼睛已经失去了往日的神采，但耳朵却大出风头。"

"光无法透过厚实的墙，更不会绕道而行。"

"在黑暗中学习，有一种返璞归真的感觉。"

"黑暗是暂时的，光明就在明天。"

"失去了才知道拥有的可贵。"

"黑暗给了我黑色的眼睛，我要用它寻找光明。"

"从未像今天，我对爱迪生感到如此亲切。"

"白天懂得了夜的黑。"

"我穿越时空隧道来到远古。"

"今天，我才真切体会到'刮目相看''望眼欲穿'的词意。"

……

窗外仍是阴沉的天，教室里分明流动着一片智慧之光、创造之流。望着昏暗中那一张张年轻而兴奋的脸，执教者豁然开朗，教学艺术绝非闭门造车可以达到。只要你抓住契机，轻轻点击，就能激活思维的一江春水。艺术是有灵性的，它来自学生对生活的真切体验，艺术的灵魂是创造性。

场景 12　关于校服的讨论

高二（5）班的教室里正在进行一场激烈的辩论赛。开始的论题是"中学生有没有必要穿校服"。出乎意料的是，反方在 20 分钟后就"理屈词穷"，公然宣布：我们由衷地认为中学生有必要穿校服，问题是穿什么样的校服才美。于是辩论赛中场休息，一场关于服饰美的讨论热热闹闹地展开。

学生们争先恐后地当起了服装设计师，从布料、色彩、样式——具体描绘，更有成竹在胸的干脆走上讲台，在黑板上画起来。每个人的设计都会得到一部分人的欢呼，同时也得到另一部分人的反对。

老师发言了："看来，对怎样的校服才是美的这个问题，我们今天不可能有统一的结论了。明天、后天，一年以后会不会有统一的看法呢？答案是现成的：不可能。什么是美，不同的人有不同的看法。美是相对的，它没有公式。既然大家都认为校服有必要穿，是校服就必须统一，不可能让每个人根据自己的喜好行事，那么，你们说说该怎么办呢？"

教室里一时安静了下来。

"我知道，有的同学从心里不想穿校服，是认为这校服不美。其实，校服不仅仅是"衣服"的事情。几千年来，'人分五等，衣分五色'，直到辛亥革命，才大开大阖地打破了几千年来的旧时代衣着制约。'五四'新文化运动唤醒人们对美的渴望，年轻一代得以放松地呈现天真、轻松和愉悦。校服，作为打破服装等级制度的象征，作为年轻学子表达青春活力的象征，才得以确认下来。

每个学校都有自己的校服，校服体现了学校的传统和文化。台湾有一所女中的校服是清一色的绿色，因为战争时期，校长需要保护女孩子们不受伤害。虽然战争过去了，但这种爱、关怀、和平值得纪念和传承。所以，校服常常是学校文化的象征。穿着校服，不仅加深对学校文化的理解，而且增进学生对学校的自豪感。这将是弥足珍贵的青春记忆，也将是有力的未来精神——今天，我为学校而自豪；明天，学校为我而骄傲。

带着这样的内涵，你们会觉得穿校服很美。你们拥有青春，青春是人生最美丽的时光：光洁细腻的肌肤、清纯明澈的眼睛、油亮的黑发、樱红的口唇，还有水杉一样挺拔的身姿，个个亭亭玉立、光彩照人。在你们这样的年龄，真正称得上天生丽质；越衣着素朴，越显出你青春的魅力；刻意地打扮反而掩盖你本身的优势。美的风格是多样的，最高境界就是'清水出芙蓉，天然去雕饰'。就像宝石，不管放在怎样的背景下，总是价值不变的宝石。更何况，校服还显示了一种整体美，是群体力量的象征。多么令我们中年人羡慕啊。"

场景 13　一次关于"诚信"的讨论

在一次班会上，老师播放了一段诗歌朗诵会上的视频：

（女）：诚信是金。俗话说：是金子总会发光的！一个人有了诚信，他的生命就会闪光。

（男）：诚信是真。有时候，幸福围绕在我们周围，可我们常不自知，因为我们需要一双慧眼来把世界看得清清楚楚、真真切切，但最重要的是彼此都需要诚信，来达到彼此相互了解、相互融洽、相互真诚。

（女）：诚信是美。当代人都追求美，追求外表的华丽、漂亮，却忘掉了心灵美，其实心灵美才是真正的美。

（男）：诚信是德。人们常说：艰苦奋斗是中华民族的传统美德。而我却要说：诚信也是人与人交往中必不可缺的一种美德。

（女）：生活有了诚信才更加灿烂。

（男）：人生有了诚信才更加迷人。

（合）：世界因为有了诚信才更加精彩。

老师问学生："你们看了这段视频，有没有打算更诚信一点？——原本打算一直隐瞒家长的事情，现在想奔回家坦诚相告；准备今天作弊用的纸条，现在已经悄悄地撕掉?"

同学们笑嘻嘻地摇头,表示"不会"。

"是朗诵的声音不美?普通话不够标准?"

同学们再次摇头,表示朗诵得确实不错。

"那么是主题有问题?'诚信'是一个不需要再讨论的话题?"

学生说:"现代社会诚信系统几近崩溃。讨论诚信很有必要,但是用朗诵的方式宣传诚信效果不好,因为说的都是正确的废话,是人人都懂的道理。"

老师问:"道理人人都懂,为什么还会'系统崩溃'?"

"利益。"学生回答,"利益驱动。"

老师问:"何以见得是利益?"

学生举例:"往牛奶里添加三聚氰胺,是为了利益;找工作的时候学历造假,也是为了利益;老太婆讹诈救她的开车司机,也是为了利益。在利益面前不讲道德,就顾不上讲诚信了。"

老师问:"你在站台等车,有陌生人递来食物,偏巧你很饿,食物又是你喜欢的炸鸡腿,你会接过来吃吗?你到异地他乡,行路边不知所之,有人主动上前邀你同行或前往他家居住,你会怀着感激的心情前往吗?"

同学"机灵"地表示"不会"。

老师说:"你们都是'利益驱动'吗?'炸鸡腿'不是利益?住宿不是利益?为什么'利益'面前,你们心生抗拒?"

学生一时不知如何回答是好。

老师又问:"路边有人晕倒,你会把这个不幸的人送进医院吗?有一个同龄人在街头彷徨四顾、食宿无着,你会带他(她)回家暂住吗?"

同学们再一次表示"不会"。

老师说:"你们'不会'不是你们'不愿',而是你们'不敢'。你怕别人给你的鸡腿有毒,怕人家提供的宾馆是个陷阱,怕送人家去医院会惹祸上身,怕带陌生人回家是引狼入室。"

同学们点头。

老师话锋一转,说:"要是那么几个热心人在发现自己的好心被'当成驴肝肺'之后，将来再遇到跟你类似的'可怜虫'他会怎样？"

学生说："他可能会坦然一笑将来继续帮人。他也可能觉得受伤，从此'洗手不干'了。"

老师问："哪一种可能更大？"

学生说："后一种吧。"

老师点头表示同意，说："不接人家的鸡腿，不住人家的房子，不仅挨饿和无处可依，还伤害了人家一份热忱的心；不肯为别人提供救助，不仅自己良心不安，而且会直接破坏人间情谊。因为你'害怕'、你'拒绝'，可能2个、20个、200个热心人因为你变得冷漠无情。长此以往，社会上人人都变成防范和被防范的人，社会会怎样？"

一个学生说："社会冷漠症。"另一个学生说："群体恐慌症。"

老师说："一个到处弥漫着毒气的屋子是可怕的。一个弥漫着'社会冷漠症''群体恐慌症'的社会应该比弥漫着毒气的屋子更可怕，因为你更加无处安身。可是，这样的社会正是在无数的'我'有意无意地推动之下形成的。有善意和热诚的人不敢付出善意和热诚，需要善意和热诚的人不敢接受善意和热诚。我们看起来为了保护自己一时一事的利益，却伤害了更宏大、更根本的'利益'。"

有学生激动地说："那么从我开始，我吃人家递过来的鸡腿，住人家借我住的房子，我也帮助需要帮助的人。"

老师说："不行。你必须首先保护好自己。防人之心不可无。"

老师接着说："今天的班会讨论的话题其实有两个：一是，社会顽症到底该怎么解决？顽症之所以是顽症，就是因为它是一个牵掣很多、让人左右为难的病症。一个医生对顽症进行简单化处置是危险的，一个富有正义感的人准备飞蛾扑火也是不明智的。我们需要从今天开始，思考解决这个问题的办法。等到你们有足够能量的时候，有节奏、有策略地改良社会。否则，你很容易受伤和转向。

二是，我希望大家知道，美的东西很容易被遮蔽、被绑架，就像'诚信'。美的东西也很容易被架空，就像开头给你们看的朗诵。我们永远不能因为暂时的遮蔽和架空，疏忽和怀疑隐藏在社会深处的有价值的东西。"

怎样才"美"，怎样才能保护"美"，是复杂的社会功课。

场景 14　临　别　的　话

在抒情的《致爱丽丝》钢琴曲中，一位教师走上了毕业典礼的舞台，她深情地致辞——

搏击吧，飞翔吧，年轻的鸽子
——写给××届毕业生

亲爱的同学们，今天，是你们生命旅途中一个值得庆贺、值得纪念的日子。为了这个日子的到来，你们兢兢业业、勤勤恳恳地在师范校园里学习、奋斗了几年。记得入学之初，你们的脸上写满了稚气，如今已带着成熟与自信毕业了，我们做老师的真是满心喜悦。在此，请接受我们真诚而热烈的祝贺。

亲爱的同学们，今天的日子对你们确实有着不寻常的意义：第一，你们顺利地结束了自己的学生生涯，从此将走上讲台承担教书育人的责任，实现社会角色的转换。第二，你们从此结束了经济上对父母的依赖，标志着经济上的独立，并开始承担起赡养父母的义务。第三，你们从今往后在社会交际中不再是孩子，而是一个真正意义上的成人。人们将以同事、合作伙伴的身份与你交往。你再也不可能像学生时代那样任性、撒娇而受到庇护和谅解。总之，长大、成熟、独立这些词对你们来说，已不再是轻飘飘的口头禅，而是肩上沉甸甸的担子了。

想到这些，我们做老师的既为你们高兴，同时也生出无尽的歉意。因为这些年来，我们对同学们思想上的指导、生活上的关心、知识能力上的培养训练实在还很不够，我们教书育人的水平和方法还不能完全满足你们的需求，在教育教学中还有许多缺点和弱点。如果能够假以时日，再做改进和提高，那么我们的课会更少一点遗憾，我们的思想教育会更深入你们的心田，而同学们的知识和能力的基础也就会更宽厚、扎实一些。然而，你们就要结束中师的学业，和老师挥手作别了。为此，也请接受我们的歉意。

　　我还想借此机会向同学们表示感谢。几年来，尽管我们的工作有种种缺陷，同学们却给了我们极大的理解、支持、鼓励和关爱。我永远不会忘记，一个冬日的清晨，由于交通故障，当我气喘吁吁地一路跑进教室时，已经迟到五分钟了。我红着脸抱歉地说："对不起，迟到五分钟了。今天三分钟的练口就免了，上课！"这时先有一位同学轻声说："练口吧。"随即有一片声音小声呼应着："练口，练口！"没等我反应过来，练口的同学已经站到了讲台上。生活中最能打动人的就是这样的细节。那一刻，我从同学们的眼神中读出了师生之间的深情。我知道同学们是要给我喘息的时间，他们是用那样一种方式传递着对老师的关爱和体谅。像这样平凡而感人的故事，我相信我们每位老师的记忆中都有许多许多。这是我们一生中最值得珍藏的精神财富之一。

　　如今，你们要毕业离校了，此刻做老师的心情就像放飞自己精心哺育多年的鸽群。在夏日的晨光里，我们怀着依依不舍而又十分欣喜的心情，敞开窗，打开门，呼啦啦飞出了羽翼已丰的年轻的鸽子，一只、一行、一片。我们翘首蓝天，倾听它们奏响的悦耳哨音，并永远以欣慰的目光，关注它们每一段的行程。搏击吧！翱翔吧！年轻的鸽子。天正蓝，阳光正好，万里行程就在你们眼前。请接受我们殷殷的期待和深深的祝福！

你们的老师和朋友

剪　辑　者　言

　　人，作为万物之灵长，除了物质的、功利的需求之外，还有精神的需求。因此，审美就成为人类特有的一种精神活动。教师，作为社会中的一个职业群体，他的审美取向、审美趣味和审美能力，不仅仅是教师个人的事，而且，"随风潜入夜，润物细无声"地表现在他工作的一切领域，直接或间接地作用于他的教育对象——学生。

　　在生活中、教学中，我们采撷到种种感人的场景，它们无不生动地展示出美的世界的一角、一瞬，让人们体认到生活里有的是人性美、理想美、艺术美、自然美、服饰美、科学美……美就在身边，就在眼前。美是珍贵的，它是把"人"支撑起来的柱石。当美的和风吹遍大地时，丑的腐恶之气无法逞凶；当美的情趣成为教师的一种骄傲时，相信他们的事业无往不胜。

让我们从这里展开关于"美"与"教师审美情趣"的话题吧。

第二章

这些， 你了解了吗
——与审美情趣有关的几个问题

1946 年二战刚刚结束，德国很多城市经历战火，到处颓垣残壁，一片惨淡。有两个美国人访问了一户住在地下室的德国居民，然后进行了这样的一段对话：

"你看他们能够重建家园吗？"

"一定能！"

"你为什么回答得这样肯定？"

"你没看到他们在地下室的桌子上放着什么吗？"

"一瓶花。"

"对。任何一个民族，处在这样困苦的境地，还没有忘记美，那就一定能在废墟上重建家园。"

有"美"，就有希望。

一、美 的 价 值

在科学史上，月球是环绕地球公转的一颗卫星。它本身并不发光，只是反射太阳光。白天，在阳光垂直照射的地方，它的表面温度高达 127℃；夜晚，其表面温度则可低到 −183℃。它的表面布满环形山，看起来像个大麻脸。

但在中国文化里，月亮是一个美的象征。月亮上不仅住有美丽哀婉的嫦娥，还有枝叶婆娑的桂树、机敏伶俐的玉兔和多情执着的吴刚。《诗经·陈风·月出》开历代望月怀人之先河；《古诗十九首·明月何皎皎》将明月和闺情彼此交融，李白几乎无月不诗；张若虚《春江花月夜》借月而成为千古绝唱。羁旅在外的时候、盼望团聚的时候、思念家乡或友人的时候、远在边关的时候、贬谪离京的时候，"月"既是孤独愁闷的象征，也是排解内心块垒的希望。很难想象，没有"月"的中国文学和民间文化会是什么样子。从某种意义上说，"月"作为一个"明亮""朗照""阴晴圆缺"的代表，成就了很多诗人诗情，甚至丰富了中国文化中的基因。

中国有个很有名的爱情故事：文君夜奔。司马相如是蜀郡成都人，字长卿。他从小喜欢读书，也喜欢研究剑术。因为仰慕那个战国末期帮助赵王对抗秦王的蔺相如，所以改名为"相如"。司马相如老大不小的时候在官场失意，不得不回到故乡成都。但是他家境贫寒，无以维生，只好投奔时任临邛县令的好友王吉。一天当地的富豪卓王孙宴请，司马相如跟随王吉一同前往赴宴。酒兴正浓之时，王吉要求司马相如奏琴一曲，司马相如便奏琴一曲。卓王孙有个女儿叫文君，新寡不久，司马相如借机向她表达自己的爱慕之情。文君本就听说司马相如仪表堂堂、文静典雅，听到美妙的演奏后更为之动心。宴会之后，司马相如又充分发挥他的文学才华，写诗作赋向文君表达强烈的心声。文君读罢大为感动，乘夜逃出家门与司马相如私奔。司马相如家本就家徒四壁，卓王孙又盛怒之下不肯施以援手。文君当机立断，卖掉自己的车马，买下一家酒店，亲自在垆前操持业务。司马相如则与雇工们一起，在闹市之中刷盘洗碗。

司马相如不仅是爱情故事的"男神"，还是西汉著名的辞赋家。西汉史学家司马迁对这位有"赋圣""辞宗"之称的司马相如"心折之至"，在他皇皇巨制的《史记》里大费辞章，津津有味地把这个故事写进《史记》。

民间百姓在看到司马迁的这个记述之后，感觉意犹未尽，绘声绘色地加上了一个曲折的尾巴：司马相如在成为富人之后，纵情声色，喜欢上了一个茂陵女子。文君听闻，寄去一首《白头吟》，凄凄惨惨，婉转曲折。但是司马相如不为所动，寄来无情无"亿"（意）的十三个字："一二三四五六七八九十百千万"。文君大恸，再寄《怨郎诗》："一别之后，二地相思。虽说是三四月，谁又知五六年……忽匆匆，三月桃花随水转，飘零零，二月风筝线儿断。噫，郎呀郎，巴不得下一世，你为女来我做男。"

司马相如读罢文采斐然、情意真切的诗作，百感交集，终于回心转意，俩人相爱如故，偕老终身。唐人把这个故事写成传奇。清人吴见在其《史记论文》里把这个故事称为"唐人传奇小说之祖"。

因为有司马相如的仪表堂堂和文采卓著，又有文君的闻声知意和勇敢聪慧，历史上有了一段饶有情味的爱情佳话。又因为司马迁善于揄扬，激发后人续写各种深情婉转的传说。而这一切，都是自美其美、美人之美、美美与共、美中生美的结果。

"美"本身就是力量。

二、什么是美

什么是美？

这个问题有点博大精深。有人说"美是一种生理反应"，有人说"美是一种心理的愉悦感"。总之，很难一言以蔽之地给出切切实实的答案。我们可以列举的只是"美"在哪里，"美"有哪些。

鹰莺燕蝶，鸟语花香；山奔海立，云卷云舒；长天共秋水一色，落霞与孤鹜齐飞；荷马史诗、米开朗琪罗的雕塑、李白的豪迈之作、徐悲鸿的万马奔腾、曹雪芹的《红楼梦》、爱因斯坦的相对论，它们都是"美"的所在。

（一）自然美

美存在于大千世界之中。

庄子曰：天地有大美而不言。

黄山有三大亮点。一是云海。那些云，说聚便聚，说散便散。聚的时候如近水边，散的时候便临深渊。一瞬间一切淹没，转眼间峥嵘毕现。这很好。孔子说，山者静水者动，黄山证明它当年不应该只在"中原"游荡。不知道徐霞客、袁宏道等人看到黄山的时候是否联想到孔子语录。我倒喜欢圣人的这种小失误，失误见证他的性情。偶像虽高大，到底不可亲。

黄山的第二亮点是它的石。黄山似乎不能叫山，更不能叫"黄"山。因为到处可见的不是山，是石头。这些石头，颜色很正，白色，点缀些绿色小植物；小雨过后，挂上些深色的小"丝带"。有的硕大无比，犹如上天之手安放的巨型棋子，圆乎乎稚拙浑然；有的纤巧尖细，每一个里面都有一颗尖锐的灵魂，灵魂挤在一起，发出尖细飘忽的呐喊。

古人发明的笙，是对这类石头的一次模仿吧。

黄山的第三大精华，便是它的路。黄山有很多索道，但是有很多挑夫。挑夫证明这里山与山之间——转转折折，上上下下，有一线天、鳌鱼嘴，就是没有绝对的通达和平缓。或许，这正是黄山桀骜不驯、高贵自适的地方吧。真想看见它的尊容，你得双腿抽筋，臭汗流尽。谁都别想屹立山间狂妄发声：我来了，我看了，我征服了。因为即便你站上山顶，你也已经筋疲力尽，气喘如牛，或者腰酸腿痛到苟延残喘。

山是可以"爬"的。要说"征服"，黄山是会笑出声的。（《白云手记》）

云海、石头、索道，构成黄山之美。形状、颜色、质地、动态，构成黄山美的形象，并成为描述自然美的"语言"。

这些"语言"，可以表述出自然美的不同风格。

"大漠孤烟直，长河落日圆。"一个无限延展的平面，加一条无限向上的平面，形成一个广阔无垠的空间。"长河""落日"作为"斜线"和"点"，更使这个空间在"有标志"的视域里显得更加无限。而大漠的黄色、孤烟的白色、长河的蓝色、落日的红色，给这个广阔的空间涂抹了丰富的色彩。这是"壮美"。"大江东去""春江潮水连海平""山随平野尽，江入大荒流""黄河之水天上来，奔流到海不复回"均属此列。"自三峡七百里中，两岸连山，略无阙处。重岩叠嶂，隐天蔽日。自非亭午夜分，不见曦月"，描写的正是这种令人壮怀激越，甚至心生畏怯的景致。

自然之美除了"壮美"，还有"纤秀之美"。"泉眼无声惜细流，树荫照水爱晴柔。"山涧之泉，细细流淌，默默无声，日光被树叶筛漏而下，溪流上光影错落。宁静，纤巧，雅致，生动，需要你静下心来，安下神来，定住脚跟，甚至弯下腰身，屏住声息，静静地观看，细细地感受，这种美方能被你收入心中。

在自然之中，明媚是一种美，凄冷也是一种美。《天净沙·秋思》（白朴）

"青山绿水，白草红叶黄花"澄净明丽，令人神往；李商隐的《宿骆氏亭寄怀崔雍崔衮》"竹坞无尘水槛清，相思迢递隔重城。秋阴不散霜飞晚，留得枯荷听雨声"哀婉凄切，一样给人震动内心的力量。

自然美可以"写意"，也可以定格。同样在《红楼梦》中曹雪芹的笔下：

> 宝玉从栊翠庵折来的那枝梅花："只有二尺来高，旁有一枝，纵横而出，约有五六尺长，其间小枝分歧，或如蟠螭，或如僵蚓，或孤削如笔，或密聚如林，花吐胭脂，香欺兰蕙。"（第五十回）

对梅花进行精雕细画，有声有色，形容兼具。

《红楼梦》第七十六回描写"中秋夜月"，景致又是这样随性恣肆，具有蒙太奇效应。中秋之夜，月至中天，远处传来缥缈的笛音："只听那壁厢桂花树下，呜呜咽咽、悠悠扬扬吹出笛声来，越显得这明月清风、天空地净，真令人烦心顿解，万虑齐除，都肃然危坐，点头称赏"；"天上一轮皓月，池中一轮水月，上下争辉，如置身于水晶宫、鲛鮹室之内；微风一过，粼粼然池面皱碧铺纹，真令人神清气净"；"只听打得水响，一个大圆圈将月影荡散，后复聚而散者几次。只听那黑影里'嘎'的一声，却飞起一个白鹤来，直往藕香榭去了"。这样的自然风光，忽左忽右，亦真亦幻。

这段写景开始的时候天地澄静，起笔旷荡，中间"皱碧铺纹"，精笔摹画，最后"寒塘鹤影"，凝重简练。写意中兼有工笔。

自然美又往往有"变易"的特点。随着空间或时间的变化，景色常常呈现不同的特征：

> 至于夏水襄陵，沿溯阻绝。或王命急宣，有时朝发白帝，暮到江陵，其间千二百里，虽乘奔御风，不以疾也。
>
> 春冬之时，则素湍绿潭，回清倒影。绝巘多生怪柏，悬泉瀑布，飞漱其间，清荣峻茂，良多趣味。
>
> 每至晴初霜旦，林寒涧肃，常有高猿长啸，属引凄异，空谷传响，哀转

久绝。故渔者歌曰："巴东三峡巫峡长，猿鸣三声泪沾裳！"（郦道元《三峡》）

夏天的时候，三峡中大水奔腾，水势汹涌；春冬时节，潭水清美，飞瀑高悬；"晴初霜旦"，凄清中暗含肃杀之气。因为时间季节的变化，三峡风貌各异。而这，正是自然之美巨大的魅力所在。

在"自然美"的"领地"中，景与物是两大主体。

唐代贺知章《咏柳》"碧玉妆成一树高，万条垂下绿丝绦。不知细叶谁裁出，二月春风似剪刀"中所描写的柳，唐代韩愈《春雪》"新年都未有芳华，二月初惊见草芽。白雪却嫌春色晚，故穿庭树作飞花"中的雪，都是大自然中的"主角"。即便昆虫——

虫豸诗·蜘蛛（元稹）

蜘蛛天下足，巴蜀就中多。缝隙容长踦，虚空织横罗。
萦缠伤竹柏，吞噬及虫蛾。为送佳人喜，珠栊无奈何。
网密将求食，丝斜误著人。因依方纪绪，挂胃遂容身。
截道蝉冠碍，漫天玉露频。儿童怜小巧，渐欲及车轮。
稚子怜圆网，佳人祝喜丝。那知缘暗隙，忽被啮柔肌。
毒螫攻犹易，焚心疗恐迟。看看长袄绪，和扁欲涟洏。

小小的平凡至极的蜘蛛，也是自然界中足堪欣赏的审美对象。

（二）社会美

一切美都与人有关。但是，真正以"人"为核心，而不是以人为"旁观者"的，却是社会美。社会是人与人、人与世界的关系的总和。社会美亦是以人为核心的一切关系的综合美。社会美离不开人，却也不仅仅是人。所以，社会美包括人体人物美、思想文明美、场境美等。

1. "社会"首先由许多个体汇集而成

农闲的时候，乡下的鸡鸭鹅犬似乎一下子变成世界的主角。叽叽叽、呱呱呱、嘎嘎嘎、汪汪汪，白天吵闹不休，晚上不知归宿。有的打算露宿田间地头，有的准备在小河岸边新筑爱巢，更多的进入大同世界，只分族类，不分家室。晚上寄居谁家，全看谁家的主人更热心。农家人的本位意识一向强劲，即便在家禽不下蛋的季节，他们也不希望自家的小动物流落屋外，特别是暴雨骤雪的时候。于是，月黑风高或大雪飘飘的夜晚，几豆灯光在田野上闪烁，吆喝之声此起彼伏，天气被当作肇事祸端遭到咒骂——虽然乡下人的咒骂全部近乎发嗲。

民间的稻场，它是这样一个地方：平整一大片地面，白天晒稻，傍晚妇人们把稻谷收堆盖好。夏天的晚上，流萤漫天、蛙声如潮、繁星满天、月明星稀，留下的空地是一种特别的诱惑，似乎你不在上面狂欢你就辜负了自己。斗鸡、掉马轮、丢手绢、老鹰抓小鸡，稻场上小伙伴的笑闹声不绝于耳，那个令人心痒啊！你要是有本事待在床上若无其事地睡，那算是你有佛祖的道行。（《白云手记》）

这是一个乡村社会。小河、田间、稻场、民居，白天、黑夜、大雪飘飘、灯光闪烁，农人民妇、鸡鸭鹅犬。他们"各司其职"，又彼此关联，相互依存，互为"同伴"，组成一个完整的集体。这个"集体"，可能是一个区间、一个家庭，也可能是一个机构，乃至国家。他们成就了"社会"，并且形成社会美。

2. 人物美往往是"社会美"的主体

老舍先生极其爱重齐白石，谈起来时总是充满感情。我所知道的一点儿齐白石老人的逸事，大都是从老舍先生那里听来的。老舍先生谈这四幅里原来点的题有一句是苏曼殊的诗（是哪一句我忘记了），要求画卷心的芭蕉。老人踌躇了很久，终于没有应命，因为他想不起芭蕉的心是左旋还是右旋的了，不能胡画。老舍先生说："老人是认真的。"老舍先生谈起过，有一次要拍齐白石的画的电影，想要他拿出几张得意的画来，老人说："没有！"后来由他的学生再三说服动员，他才从画案的隙缝中取出一卷（他是木匠出身，他的画案有他自制的"消息"），外面裹着好几层报纸，写着四个大字："此是废纸。"打开一看，都是惊人的杰作——就是后来纪录片里所拍摄的。齐白石老人家里人口很多，每天煮饭的米都是老人亲自量，用一个香烟罐头。"一下，两下，三下……行了！"——"再添一点，再添一点！"——"吃那么多呀！"有人曾提出把老人接出来住，这么大岁数了，不要再操心这样的家庭琐事了。老舍先生知道了，给拦了，说："别！他这么着惯了。不叫他干这些，他就活不成了。"老舍先生的意见表现了他对人的理解，对一个人生活习惯的尊重，同时也表现了对齐白石老人真正的关怀。（汪曾祺《老舍先生》）

齐白石，别号寄萍老人、白石山人，后人常将"山人"二字略去，称之为"白石"。早年曾为木工，后以卖画为生，擅长画花鸟、虫鱼、山水、人物，笔墨雄浑滋润，色彩浓艳明快，造型简练生动，所作鱼虾虫蟹，天趣横生。他的书法擅长篆隶二体，取法秦汉碑版，行书赋有古拙趣味，篆刻自成一家。与张大千一起，并称"南张北齐"。白石先生做人处事颇有性格，有时甚至给人不近人情之感。这种人，本身就是人间一"景"。

老舍先生则以温润如玉、宽厚的胸怀、通透的眼光，不经意间散发厚重的光芒。汪曾祺作为一个饱经世故沧桑的人，出于绚烂、归于平淡的个性和文风，把自己也顺便勾勒在侧，组成招人喜爱的"三人行"。

3. 小说中虚构的人物作为"艺术形象"，也是"社会美"的"组件"

"两弯似蹙非蹙胃烟眉，一双似喜非喜含情目。态生两靥之愁，娇袭一身之病……娴静时如姣花照水，行动处似弱柳扶风。"黛玉年貌虽小，其举止言谈不俗，身体面庞虽怯弱不胜，却有一段自然的风流态度。

不一时，只见三个奶嬷嬷并五六个丫鬟，簇拥着三个姊妹来了。第一个肌肤微丰，合中身材，腮凝新荔，鼻腻鹅脂，温柔沉默，观之可亲。第二个削肩细腰，长挑身材，鸭蛋脸面，俊眼修眉，顾盼神飞，文采精华，见之忘俗。第三个身量未足，形容尚小。其钗环裙袄，三人皆是一样的妆饰。

这个人打扮与众姑娘不同，彩绣辉煌，恍若神妃仙子：头上戴着金丝八宝攒珠髻，绾着朝阳五凤挂珠钗，项上戴着赤金盘螭璎珞圈，裙边系着豆绿宫绦，双衡比目玫瑰佩，身上穿着缕金百蝶穿花大红洋缎窄裉袄，外罩五彩刻丝石青银鼠褂，下着翡翠撒花洋绉裙。一双丹凤三角眼，两弯柳叶吊梢眉，身量苗条，体格风骚，粉面含春威不露，丹唇未起笑先闻。

宝玉即转身去了。一时回来，再看，已换了冠带：头上周围一转的短发，都结成小辫，红丝结束，共攒至顶中胎发，总编一根大辫，黑亮如漆，从顶至梢，一串四颗大珠，用金八宝坠角，身上穿着银红撒花半旧大袄，仍旧带着项圈、宝玉、寄名锁、护身符等物，下面半露松花撒花绫裤腿，锦边弹墨袜，厚底大红鞋，越显得面如敷粉，唇若施脂，转盼多情，语言常笑。天然一段风骚，全在眉梢，平生万种情思，悉堆眼角。（《红楼梦》第三回《贾雨村夤缘复旧职　林黛玉抛父进京都》）

林黛玉、迎春三姐妹、贾宝玉、王熙凤，或出尘脱俗，或温柔富态，或泼辣干练，或顾盼多情，组成精彩纷呈的红楼群像，惹得几百年来的众多读者痴迷不已。

4. 思想美，正是"社会美"的灵魂

人只不过是一根苇草，是自然界最脆弱的东西；但他是一根能思想的苇草。用不着整个宇宙都拿起武器来才能毁灭，一口气、一滴水就足以致他死命了。然而，纵使宇宙毁灭了他，人却仍然要比致他于死命的东西更高贵得多。因为他知道自己要死亡，以及宇宙对他所具有的优势，而宇宙对此却是一无所知。

因而，我们全部的尊严就在于思想。正是由于它，而不是由于我们所无法填充的空间和时间我们才必须提高自己。因此，我们要努力好好地思想，这就是道德的原则。

能思想的苇草——我应该追求自己的尊严，绝不是求之于空间，而是求之于自己的思想的规定。我占有多少土地都不会有用；由于空间，宇宙便囊括了我并吞没了我，有如一个质点；由于思想，我却囊括了宇宙。人既不是天使，又不是禽兽；但不幸就在于想表现为天使的人却表现为禽兽。（帕斯卡尔《人是会思想的芦苇》）

因为思想，所以"人类"不仅"收容"鸡鸭鹅犬、山水树木，而且造就房屋、公路、飞机、电脑；更重要的是制造了只有人类才能制造，也只有人类才能欣赏的绘画、音乐、文字语言等"文明"。

语言是什么？今天的苏格兰方言的课堂里，老师问了我们一个非常"严肃"的问题——"斯诺克算运动，还是算游戏？"其实他想说的是，苏格兰语算语言，还是算方言？每一个语言会有一个语簇（"好吧"这个词是我发明的），它周围分散着一些相近的、类似的（从语法、句法等等层面）其他语言或方言，都很难划出一个非常明确的界限。（子萱《爱丁堡上学日记》）

据说人与动物的最主要的区别，在于人能够发明和使用工具。在人类发明和使用的诸多工具中，"语言"是最具有思想意义的一种。工具功能是一种美，工具随身携带的思想使之更为奥秘高深，语言因之具有格外的魅力。

5. 场境美，是"社会美"的形象呈现

"人"不能脱离环境而生存。社会美也不能脱离环境而存在。"人"＋"环境"，组成"场境"。在文学的话语系统中，称之为场面描写。它是自然景色、社会环境、人物活动等描写对象的集中表现。

有些场面描写以"人"的活动为核心：

玉渊潭的槐花盛开，像下了一场大雪，白得耀眼。来了放蜂的人。蜂箱都放好了，他的"家"也安顿了。一个刷了涂料的很厚的黑色的帆布篷子，

里面打了两道土堰，上面架起几块木板，是床。床上一卷铺盖，地上排着油瓶、酱油瓶、醋瓶。一个白铁桶里已经有多半桶蜜。外面一个蜂窝煤炉子上坐着锅。一个女人在案板上切青蒜。锅开了，她往锅里下了一把干切面。不大会儿，面熟了，她把面捞在碗里，加了作料，撒上青蒜，在一个碗里舀了半勺豆瓣。一人一碗。她吃的是加了豆瓣的。蜜蜂忙着采蜜，进进出出，飞满一天。（汪曾祺《玉渊潭的槐花》）

汪曾祺笔下的玉渊潭，槐花如雪，这是远景；帆布棚子、简单陈设，这是内景；蜜蜂飞舞，进出穿梭，这是动景。作者将各种视角的景观放在一起，目的就是为放蜂人妻构建一个活动的场所。在这样的场所中，女人切蒜、下面、捞面、加料、加豆瓣，虽然琐细但不厌倦，虽然清贫但不黯淡。辛劳中，有一丝丝绵绵的满足、一点点淡淡的幸福。如果没有槐花如雪或蜂群舞动，生活的温暖感和女子的满足感就会无处生根。

有的场面描写侧重渲染气氛：

太子及宾客知其事者，皆白衣冠以送之。至易水之上，既祖，取道，高渐离击筑，荆轲和而歌，为变徵之声，士皆垂泪涕泣。又前而为歌曰："风萧萧兮易水寒，壮士一去兮不复还！"复为羽声慷慨，士皆瞋目，发尽上指冠。于是荆轲就车而去，终已不顾。（《史记·刺客列传》）

司马迁是描写场面的高手。这段"易水送别"的描写，虽然有人认为是对《战国策》的抄袭，但是确实体现司马迁"场面描写"一贯的笔法。《史记》中的场面多半是"涟漪式"的。在这个场面中，"漩涡中心"的是主人公荆轲，陪衬人物是击筑的高渐离，"外圈"是太子及众宾客组成的"围场"，再外面就是呼啸的寒风。司马迁构建的场境元素丰富，短短几行，不仅人物众多、身份各异，而且寒风萧萧，歌声萦绕。圆形的场景形成剧场效应，人物活动具有话剧效果，加上寒风与乐声渲染，令人不得不为之动情。

有些"场面"的"主角"则是艺术。刘鹗在《老残游记》中描写明湖居听书："正在热闹哄哄的时节，只见那后台里，又出来了一位姑娘。年纪约十八九岁，装束与前一个毫无分别，瓜子脸儿，白净面皮，相貌不过中人以上之姿。只觉得秀而不媚，清而不寒，半低着头出来，立在半桌后面，把梨花简丁当了几声，煞是奇怪：只是两片顽铁，到她手里，便有了五音十二律似的。又将鼓锤子轻轻地点了两下，方抬起头来，向台下一盼。那双眼睛，如秋水，如寒星，如宝珠，如白水银里头养着两丸黑水银，左右一顾一看，连那坐在远远墙角子里的人，都觉得王小玉看见我了；那坐得近的，更不必说。就这一眼，满园子里便鸦雀无声，比皇帝出来还要静悄得多呢，连一根针跌在地下都听得见响！"

接着刘鹗描述王小玉说书的"声音"：

声音初不甚大，只觉入耳有说不出来的妙境：五脏六腑里，像熨斗熨过，无一处不伏贴；三万六千个毛孔，像吃了人参果，无一个毛孔不畅快。唱了十数句之后，渐渐的越唱越高，忽然拔了一个尖儿，像一线钢丝抛入天际，不禁暗暗叫绝。哪知她于那极高的地方，尚能回环转折。几转之后，又高一层，接连有三四叠，节节高起。恍如由傲来峰西面攀登泰山的景象：初看傲来峰削壁千仞，以为上与天通；及至翻到傲来峰顶，才见扇子崖更在傲来峰上；及至翻到扇子崖，又见南天门更在扇子崖上：愈翻愈险，愈险愈奇。那王小玉唱到极高的三四叠后，陡然一落，又极力骋其千回百折的精神，如一条飞蛇在黄山三十六峰半中腰里盘旋穿插。顷刻之间，周匝数遍。从此以后，愈唱愈低，愈低愈细，那声音渐渐地就听不见了。满园子的人都屏气凝神，不敢少动。约有两三分钟之久，仿佛有一点声音从地底下发出。这一出之后，忽又扬起，像放那东洋烟火，一个弹子上天，随化作千百道五色火光，纵横散乱。这一声飞起，即有无限声音俱来并发。那弹弦子的亦全用轮指，忽大忽小，同她那声音相和相合，有如花坞春晓，好鸟乱鸣。耳朵忙不过来，不晓得听那一声的为是。正在缭乱之际，忽听霍然一声，人弦俱寂。这时台下叫好之声，轰然雷动。

在这里，"声音"成为"主角"，如白蛇赤练，在听众的感觉中游走。忽而蹿上断壁高岩，忽而在山谷之下宛然游走；一会儿如银瓶乍破水浆迸，一会儿如狡兔入窟无声息。作者将"声音"这种无形、无色、无态的"人物"化虚为实，以实写虚，表现得栩栩如生，让读者的眼前仿佛有一道声音的风景在热辣辣地展现。

须要特别强调的是，在艺术领域，并不是"漂亮""成功"的东西才是"美"。缺陷美也是一种美。

在《巴黎圣母院》中，卡西莫多"丑"到极点：几何形的脸、四面体的鼻子、马蹄形的嘴、参差不齐的牙齿、独眼、耳聋、驼背……人类所有的缺陷都在他身上达到极致。但是卡西莫多忠诚、善良、勇敢，他成为"缺陷美"的代表。

在古典时期，几乎每一个丑恶的艺术形象都有一副丑陋的外形。因此，外形丑是这一时期丑形象的共同特征。到了近代，人们开始认识到"恶"乃是丑的根源（但恶的对象却不一定外形丑陋，因此近代的丑形象不再以外形丑陋，而是以内在的恶为标志），大量的恶形象涌现出来（如莫里哀笔下的答丢夫、唐璜，莎士比亚笔下的夏洛克，哈代笔下的德伯维尔等）；到了后现代时期，荒诞（假）又一跃成为艺术丑的主题，卡夫卡的《变形记》、海勒的《第22条军规》、贝克特的《等待戈多》等作品成为荒诞艺术的典范之作。总之，无论是肯定性的丑还是否定性的丑，其发展都经历了由外在到内在，由形式到内容，由现象到本质的演变过程。（朱鹏飞《西方艺术丑的历史流变及其基本特征》）

韩愈是著名的唐代大诗人。到了晚年，他虽然有"天街小雨润如酥，草色遥看近却无"这样清新的诗句，但是年轻的时候，他更爱展示自己奇崛险怪的诗风。一次，他因为上书批评宫市混乱被贬为山阳令，与右补阙崔群一同游览长安城里的青龙寺。是时，青龙寺内柿叶正红，柿实累累。韩愈写下了一首描写柿子林的诗《游青龙寺赠崔大补阙》：

> 光华闪壁见神鬼，赫赫炎官张火伞。
>
> 然云烧树大实骈，金乌下啄赪虬卵。

烈日似火，柿子被啄得"鲜血"淋淋，这个形象委实不太令人赏心悦目。但是，以物况己，读者自能感受作者内心况味。"柿子"在这里变成美的艺术形象。

三、美 是 什 么

美是什么？——这是比"什么是美""美在哪里"更加难以回答的问题。自然是美的，社会是美的，艺术也是美的。但是，自然、社会、艺术中，哪些特质是美的特质？换句话说，自然、社会、艺术，都因为哪些特质而给人美感？

如果问一只雄癞蛤蟆美是什么，绝对的美是什么，它就会回答，美就是它的雌癞蛤蟆，因为她的小小的头上有两只凸出的又大又圆的眼睛，有一只又大又平的鼻子，并有黄色的肚皮和褐色的后背。如果问一个来自几内亚的黑人美是什么，他便会说，美就是黑得油亮的皮肤、深陷的眼睛和一个扁平的鼻子。如果问魔鬼，他会告诉你美就是一对角、四只爪子和一条尾巴。最后，如果去向哲学家们请教，他们的回答将是夸大了的胡言乱语，他们认为美就是某物符合美的原型并在本质上与其是一致的。（伏尔泰《论美》）

很多人想从"美"字造型渊源上一窥端倪。"美"在甲骨文中的造型是 𦍋。清代文字学家段玉裁先生在《说文解字》中说：

美也。甘者，五味之一。而五味之美皆曰甘。引申之凡好皆谓之美。从羊大。羊大则肥美。

羊在六畜主给膳也。周礼。膳用六牲。始养之日六畜。将用之日六牲。马牛羊豕犬鸡也。膳之言善也。羊者，祥也。故美从羊。此说从羊之意。美与善同意。

在这里，"美"就是"甜"的意思。甜是五味里最好的味道，所以引申下来，所有好的东西都称为"美"。大羊就是美。羊作为牲口，主要是养活人类。羊又是吉祥的东西，所以，"美"和"善"的意思是一样的。

但是，也有人认为，古人"羊大为美"的说法是错误的。他们认为甲骨文中"美"其实是一个站立者头戴羽毛头饰的形状，在古代表示漂亮、好看。综合两个对"美"的诠释，可以得出这样的结论：在中国文化中，好吃、好看、好用、好心，都是"美"的特征。

在生活中，"美"是一种让人愉快的东西。但是在学术领域，"美"却令人困惑而纠结。著名的《大希庇阿斯篇》里苏格拉底与希庇阿斯进行了冗长的对话：

苏：近来在一个讨论会里，我指责某些东西丑，赞扬某些东西美，被和我对话的人问得无词以对。他带一点讥讽的口吻问我："苏格拉底，你怎样才知道什么是美，什么是丑，你能替美下一个定义么？"……

苏：有学问的人之所以有学问，是由于学问；一切善的东西之所以善，是由于善。

希：那是很明显的。

苏：学问和善这些东西都是真实的，否则它们就不能发生效果，是不是？

希：它们都是真实的，毫无疑问。

苏：美的东西之所以美，是否也由于美？

希：是的，由于美。

苏：美也是一个真实的东西？

希：很真实，这有什么难题？

苏：我们的论敌现在就要问了："客人，请告诉我什么是美？"……

希：……我来告诉他什么是美……美就是一位漂亮小姐……

苏：……我的论敌要这样问我："苏格拉底，请答复这个问题：如果你说凡是美的那些东西真正是美，是否有一个美本身存在，才叫那些东西美呢？"我就要回答他说，一个漂亮的年轻小姐的美，就是使一切东西成其为美的。你以为何如？

希：你以为他敢否认你所说的那年轻小姐美吗？如果他敢否认，他不成为笑柄吗？

苏：他当然敢，我的学问渊博的朋友，我对这一点很有把握。至于说他会成为笑柄，那要看讨论的结果如何。他会怎样说，我倒不妨告诉你。

希：说吧。

苏：他会这样向我说："你真妙！苏格拉底，但是一匹漂亮的母马不也可以是美的，既然神在一个预言里都称赞过它？"你看怎样回答，希庇阿斯？一匹母马是美的时候，能不承认它有美吗？怎样能说美的东西没有美呢？

希：你说得对，苏格拉底，神说母马很美，是很有道理的。我们的厄利斯就有很多的漂亮的母马。

苏：好，他会说："一个美的竖琴有没有美？"……

希：该承认。

苏：……他要问："亲爱的朋友，一个美的汤罐怎样？它不是一个美的东西吗？"

希：这太不像话了，苏格拉底，这位论敌是什么样一个人，敢在正经的谈话里提起这些不三不四的东西？他一定是一个粗俗汉！

苏：他就是这样的人，希庇阿斯，没有受过好教育，粗鄙得很，除掉真理，什么也不关心。可是还得回答他的问题。我的临时的愚见是这样，假定是一个好陶工制造的汤罐，打磨得很光，做得很圆，烧得很透，像有两个耳柄的装三十六斤的那种，它们确是很美的。我回答他说，假如他所指的是这种汤罐，那就要承认它是美的。怎样能不承认美的东西有美呢？

希：不可能否认，苏格拉底。

苏:他会说:"那么,依你着,一个美的汤罐也有美了?"

希:我的看法是这样:像这种东西若是做得好,当然也有它的美。不过这种美总不能比一匹母马、一位年轻小姐或是其他真正美的东西的美。

苏:……我该这样回答他:"朋友,赫剌克立特说过,最美的猴子比起人来还是丑,你没有明白这句话的真理。而且你也忘记,依学问渊博的希庇阿斯的看法,最美的汤罐比起年轻小姐来还是丑。"你看是不是应该这样回答?

希:一点不错,苏格拉底,答得顶好。

苏:他一定这样反驳:"苏格拉底,请问你,年轻小姐比起神仙,不也像汤罐比起年轻小姐吗?比起神仙,最美的年轻小姐不也就显得丑吗?你提起赫剌克立特,他不也说过,在学问方面、在美方面、在一切方面,人类中学问最渊博的比起神来,不过是一个猴子吗?"我们该不该承认,最美的年轻小姐比起女神也还是丑呢?

希:这是无可反驳的。

苏:如果我们承认这一点,他就会笑我们,又这样问我:"苏格拉底你还记得我的问题么?"我回答说。"你问我美本身是什么。"他又会问:"对这个问题,你指出了这种美来回答。而这种美,依你自己说,却又美又丑,好像美也可以,丑也可以,是不是?"那样我就非承认不可了。好朋友,你教我怎样回答他?

希:就用我们刚才所说过的话,人比起神就不美,承认他说得对。

苏:他就要再向我说:"苏格拉底,如果我原先提的问题是:什么东西可美可丑?你的回答就很正确。但是我问的是美本身,这美本身把它的特质传给一件东西,才使那件东西成其为美。你总以为这美本身就是一个年轻小姐、一匹母马或一个竖琴吗?"

希:对了,苏格拉底,如果他所问的是那个,回答就再容易不过了。他想知道凡是东西加上了它,得它点缀,就显得美的那种美是什么。他一定是个傻瓜,对美完全是门外汉。告诉他,他所问的那种美是别的,就是黄金,他就会无话可说,不再反驳你了。因为谁也知道,一件东西纵然本来是丑的,只要镀上黄金,就得到一种点缀,使它显得美了。

……

苏：他就会说："那么，依你们看，美就是有益的快感了？"我要回答是，你怎样想？

希：我和你同意。

苏：他还要说："所谓有益的就是产生善的。可是我们刚才已经看到，原因和结果是两回事，你现在的看法不是又回到原路吗？美与善既然不同，善不能就是美，美也不能就是善。"

苏：……希庇阿斯，我得到了一个益处，那就是更清楚地了解一句谚语："美是难的。"

在这段冗长的对话中，苏格拉底从"什么是美"开始发问，试图给"美"下一个定义。他和希庇阿斯得出的第一个推论是：美的东西之所以美，是因为其中有美的特质存在。有学问的人、年轻的小姐、一匹漂亮的母马、一只好看的竖琴、一个工艺精良的陶罐，他们之所以美，是因为学问、年轻、漂亮、好看、工艺精良这些美的特质依附在他们身上，是这些美的特质使这些事物给人美感。但是，苏格拉底又说，假如将陶罐与美女比，美女与仙女比，陶罐、美女又变成丑的。这样看来，似乎他们身上"美的特质"消失不见了，或者说原来美的特质变成不美的特质了。

那么，美到底是什么呢？苏格拉底没有给予结论。唯一可以确定的是，"美是难的"。

在西方，关于"美"是什么的论证，几乎穿插于整个哲学史甚至文化史。西方哲学家和艺术家们关于美的讨论，使"美是什么"这个话题变得丰富而神秘。

◆苏格拉底：美是给人快感的一切，但是不包括色欲。

古希腊哲学家苏格拉底说："凡是产生快感的——不是任何一种快感，而是眼见耳闻来的快感——就是美的……凡是美的人、颜色、图画和雕刻都经过视觉产生快感，而美的声音、诗文和故事也产生类似的快感，这是无可辩驳的。"[1]

苏格拉底强调：饮食、色欲之类的快感并不能算作美。因为"至于色欲，人人虽然承认它产生很大的快感，但是都以为它是丑的，所以满足它的人都瞒着人去做，不肯公开"。

◆培根：美是有层次之别的。

有"中世纪知识图谱"之称的培根，在对"美"的认识上，他一方面坚持美是客观的；另一方面，强调"美"是有层次的。他认为，现实中有很多"很美的人"，但是这些人"颜值"虽高，却往往"容貌可观而无大志"。他认为真正的美不在于容颜，而在于适当而优雅的动作。他认为美不是几何意义上的比例等构成的，真正的美在远大志向和非凡情怀。

◆笛卡尔：美是理性原则和适度的复杂之下的结论。

比培根略晚出生的笛卡尔，在欧洲有"现代哲学之父"之称，又被誉为"近代科学的始祖"。他并不是一个美学家，但是他的美学观念对后世艺术有较为深远的影响。首先，基于上帝的存在，世界上是有"完美"存在的。其次，美并不是那些"令人难以理解的形象和枯燥乏味的东西"所引起的，美是基于理性的标准。比如：造型上的比例和均衡、音乐中的音程和节拍。同时，他认为："所谓美和愉快所指的都不过是我们的判断和对象之间的关系。"[2]

笛卡尔认为，美并不是客观存在，而是客观事物与主观印象之间的关系所形成的结果。怎样的关系能够形成美？笛卡尔说，太简单的关系容易让人的欲望得到满足，不能调动人感官上的积极性，所以形不成美感。太复杂的东西又容易让感官疲惫、心生厌烦，所以也不会产生美感。

◆康德：美是"趣味"和"道德"。

出生于18世纪的康德，被认为是继苏格拉底、柏拉图和亚里士多德后西方最具影响力的思想家之一。他在美学方面的观点，影响颇为深远。

[1] 柏拉图. 文艺对话录 [M]. 朱光潜，译. 北京：人民文学出版社，1963.
[2] 北京大学哲学系美学教研室. 西方美学家论美和美感 [M]. 北京：商务印书馆，1980.

什么是美？

康德认为：美是主观的。美是一种趣味判断，而趣味判断是以情感为基础的。趣味判断不是以快感为基础，快感产生于欲望的满足，欲望具有"趋利避害"的功利特征；而趣味判断不是以利害的趋避为基础的，所以产生美的趣味判断不是产生在利害欲望快感基础之上的逻辑判断。

他将美分为自由的美和依存的美，认为只有依存美才是最理想的美。所谓依存，是指以道德为主要内容的依存。他在最后对美的总结中，更加直接地指出了美的实质内容，即"美是道德的象征"。在《论优美感与崇高感》和《判断力批判》这两部著作中，他对此有较为集中的论述。他强调：优美就是我们通常所说的美、小巧、和谐，让人心生爱怜；崇高则是巨大以至于无形的"壮美"，让人心生敬畏甚至恐惧。康德称其为"恐怖的崇高"，它往往与道德联系在一起。

康德对艺术美的分析见解独到。他认为，艺术美并不是为了取悦于人，也不是为了某项功利的目的。艺术之所以美，是因为它本身合乎艺术的范式和规律。艺术美的表现是人的创造，是依法而行，似乎有规律，但在表现中又感觉不到规律，令人感到生动自由、毫无约束。无法之法，法在其中；有法无法，自由显现。这种必然与自由、想象力与知性的巧妙结合，就是艺术美的所在。为了更清楚明白地说明这一点，康德将艺术比成自然，将艺术的美比成自然的美。他说："美的艺术品，看起来就像是一个自然产品，但它又不是自然物，而是艺术。"

四、什么是"趣味"

（一）趣味含义的历史演变："趣味"作为"味觉""不被信任"；作为审美术语，它强调"理性"

趣味，在中国古代主要是文学概念。其大意等同于"情趣"。北魏郦道元

《水经注·江水二》："绝巘多生怪柏，悬泉瀑布，飞漱其间，清荣峻茂，良多趣味。"《红楼梦》第三十九回："刘姥姥吃了茶，便把些乡村中所见所闻的事情说给贾母听，贾母越发得了趣味。"

在西方，"趣味"主要是美学概念。

在古希腊中，趣味有"味觉""味感"或者"有味之物"等意思。一开始，味觉被看成与"欲望"有密切关系的感官，不被信任，与审美没有任何关系。12世纪，以宣扬禁欲主义著称的基督教西都会领袖圣伯纳尔在《致威廉书》中说："一切给味觉和触觉带来快感的东西，都被我们抛诸身后。为了侍奉基督，我们认定身体的快感如同粪土。"[1]（相信唐朝的高僧玄奘对此深为认同）随着历史的发展，在英语中，趣味有了"嗜好""体验""鉴赏力""审美力"等意义。

趣味开始与判断、巧智发生联系是在16世纪末意大利关于艺术和美术的写作中。从此，趣味变成鉴赏术语。美学家克罗齐在书中记载道：有人表示"趣味是一种和谐、一种巧智和理性的约定""鉴赏就是那个总是能享受，完全符合理性所赞同的一种感情"。

（二）关于趣味的本质：趣味无争辩，但具有相对性

趣味之"味"，本来关乎饮食。一个食物的味道如何，与一个人的味蕾有关，也与人的经历和喜好有关。有人认为榴梿味道鲜美，有人认为它腥臭无比、难以忍受。在审美领域也是这样。有人喜欢娇弱自我的林黛玉，有人则认为这样的"小性儿"实在令人讨厌。17世纪法国历史学家杜博思等人认为，趣味就是一种感觉，而且是一种完全自由的感觉。

18世纪，有"法国资产阶级启蒙运动的旗手"之称的伏尔泰，被誉为"法兰西思想之王""法兰西最优秀的诗人""欧洲的良心"。他信奉自然权利说，认为"人们本质上是平等的"，要求人人享有"自然权利"。他认为趣味有先天的成分，先天的成分就是心理本能，它是一个时代、一个群体积淀下

---

[1] 蒋孔阳.西方美学通史（第二卷）[M].上海：上海文艺出版社，1999.

来的审美基因。所以，有的趣味是"通行于一切时代和国家"的。勇敢、善良等道德因素，就是一切民族通行的审美趣味。

有先天因素就有后天修为。所以伏尔泰认为，趣味判断还是一种技能，一个可以通过分析理解提升审美理想的技能。审美具有相对性，趣味也有好坏之分。

（三）关于趣味的功用：应引导人们走向善良和聪明

18 世纪的肖像画家雷诺兹深受柏拉图等理论的影响。在 1769—1790 年之间，他在皇家美术学院做了 15 次演讲，较为系统地表达了他的美学思想。他认为"自然本性"是审美趣味的基础。这里的"自然本性"包括自然万物和本性天性两重含义。他认为能够打动我们崇高心理的艺术是好的，投合人类感官嗜好的艺术是坏的。艺术应该使人们更加理性，更加崇尚善良和聪明。

五、审美趣味从何而来

审美趣味从何而来？美学大师朱光潜有一段精彩的论述：

首先，美确实要有一个客观对象，要有"巧笑倩兮，美目盼兮"这样美人的客观存在。不过这种姿态可以由无数不同的美人表现出，这就使美的本质问题复杂化。其次，审美也确实要有一个主题，美是价值，就离不开评价者和欣赏者。如果这种美人处在空无一人的大沙漠里，或一片漆黑的黑夜里，她的"巧笑倩兮"能产生什么美感呢？凭什么能说她美？就是在闹市大白天里，千千万万人都看到她，都感到她同样美么？[1]

---

[1] 朱光潜. 谈美书简 [M]. 北京：中国青年出版社，2014.

（一）审美是审美者基于生命底色的内在选择

正如朱光潜先生所说，美首先要有一个客观的对象。这个对象可以是敬亭山、篱边菊、空山新雨、渭城朝雨浥轻尘，也可以是《长恨歌》、"鸿门宴"、哈姆雷特、曹雪芹。

胡同是贯通大街的网络。它距离闹市很近，打个酱油，约二斤鸡蛋什么的，很方便，但又似很远。这里没有车水马龙，总是安安静静的。偶尔有剃头挑子的"唤头"（像一个大镊子，用铁棒从当中擦过，便发出嗡的一声）、磨剪子磨刀的"惊闺"（十几个铁片穿成一串，摇动作声）、算命的盲人（现在早没有了）吹的短笛的声音。这些声音不但不显得喧闹，倒显得胡同里更加安静了。（汪曾祺《胡同文化》）

在这段文字里，胡同的布局、大街，胡同里的声气、贩夫走卒、各色人等，包括剃头的、磨剪子的、磨刀的、算命的，作为客观存在，成为作者的审美对象。作者审美的过程，就是对这些"客体"所进行的观察、分析和判断。

汪曾祺的这段文字写的是北京。在中国大大小小无数个城市中，汪曾祺没有选择南京、上海，也没有"看中"武汉、昆明，而是选择了这个位于华北平原上的城市。写北京，可以写北京三千余年的建城史和八百五十余年的建都史，可以写政治、教育和气候，汪曾祺选择写它的文化；写文化可以写故宫、颐和园、圆明园、天坛、国子监、恭王府或者万里长城，汪曾祺选择写胡同……客观存在的事物千千万，作者在写作的时候实则对审美对象做了选择。

汪曾祺因为经历沧桑，中国传统文化修养深厚。他不太喜欢做"一本正经"的大学问，陶醉的是辞章考辨之类的"小学"，喜爱的是《世说新语》、宋人笔记之类的"小道之作"，倾心的是晚明张岱等人的小品，崇尚的是晚明公安派"独抒性灵、不拘格套"之类的文学主张。

他长于江南，定居于京城，多半流连于风和日丽、小桥流水的江南秀色和小四合院、小胡同的京城，极少见到雷霆怒吼、山奔海立的壮观场景。在他的眼中，经常"看到"的是街头巷尾、乡情民俗、花鸟虫鱼、辞章典故。

所以他不去追求反映时代精神的"最强音"，而是以平和、淡远的风格，通过"小文化""小话语""小叙事"，表现个人绵密温和的生活感受。

作为"中国最后一个纯粹的文人""中国最后一个士大夫"，汪曾祺的心境又是平静、淡远的。鉴于他细致的观察力和鲜活的情趣，他眼中的一切又是可观可喜、饶有兴味的。所以，他虽然"随便"，但却是"苦心孤诣的随便"；他写世俗，却是格调雅致的世俗。

他说："我所追求的不是深刻，而是和谐。"

"我写的是美，是健康的人性。美，是什么时候都需要的。"

"我喜欢疏朗清淡的风格，不喜欢繁复浓重的风格，对画、对文学，都如此。"

"我曾戏称自己是一个'中国式的抒情人道主义者'，大致差不离。"

"我们有过各种创伤，但我们今天应该快活。"

所以，选择北平的胡同、北平的市井文化作为审美对象，以富有市井气息的语言、自然悠远的况味，表现出北平的文化特点，是汪曾祺把自己的生活体验、个人气质熔铸于客观对象的结果。

（二）审美是特定生理基础之上的一种社会建构

审美与身体有关吗？是的。

人脑是个体进行活动的控制中心。人脑分为左右大脑两半球，各自有独立的功能。左大脑半球有语言、阅读、书写及逻辑、推理、计算的能力；右大脑半球则有图形、空间结构的构思能力、音乐欣赏能力、形成非言语性概念的能力。大脑中的语言区域用来理解节奏，视觉区域用来想象音调。大脑中还有相应区域专门对是否"违和"产生反应。

科学研究表明，每个人的大脑构成都不相同。通过刺激人的右脑，可以激活人的艺术感知力，从而提高人的审美能力。反过来，一旦大脑被改变，生命个体的审美状态也会产生相应的变化。

据英国《泰晤士报》报道，英国建筑工人托米·麦克休在大病一场后一反常态，放下砖头拿起画笔疯狂画画，家中每道墙壁甚至天花板上都被他画上了各种作品。

据报道，现年 57 岁的托米·麦克休本是英国利物浦市的一名建筑工人。然而在 2001 年，麦克休头部动脉中的两个动脉瘤突然破裂渗血，当麦克休被紧急送到医院时，他的眼睛都变成了红色，甚至要渗出血来。幸运的是，医生及时为麦克休进行了复杂的手术，终于阻止了更多的流血，从而救回了他一命。

几天后，医院就安排麦克休出院回了家。但麦克休康复后，仿佛突然变了一个人似的，他放下砖头拿起画笔，开始在家中疯狂作画。当麦克休变得更健康时，他开始在墙壁上、甚至天花板上画画，他还将蜡烛融化，然后用蜡雕刻头像。

麦克休接受大脑手术 9 个月后，妻子简再也忍受不了他的疯狂转变，与他分了手。

据麦克休称，自接受大脑动脉瘤手术后，他就充满了创作的激情。[1]

据《南方周末》的记者安南调查，这样的例子并不鲜见。美国加州大学旧金山分校的神经科学家布鲁斯·米勒博士，从 1990 年开始，专门研究大脑损害与艺术才能之间的联系，至今已经观察了 20 多个类似的病人。在他研究的病例中，有的像麦克休一样，患病前对艺术没有什么才能和兴趣，也从来没受到过专门的训练，患病以后就莫名其妙地迷恋上了绘画并充满天赋；也有的属于另一种情况，他们本来就从事美术工作，但是患病以后绘画的风格和技艺则出现了彻底的转变。有一位十几岁时从中国移民到美国的女子，她在一所中学里教美术，原来擅长于中国山水画和西方写实风格的水彩画，可

---

[1] 摘自 2007 年 7 月 21 日《羊城晚报》。

是自从患了脑病以后，她就开始融合中西画法，创作了一系列带有强烈感情色彩的印象派作品。"她的作品非常独特，充满了一种从压抑中解脱出来的狂野和自由，和以前的风格迥然不同。"米勒博士评价说，"其中一些是我所见过的最令人惊叹的绘画作品。"

大脑的损害不仅能够造就才华横溢的画家，还能激发病人其他方面的艺术天赋。米勒博士在网站的"患者画廊"中说："这里所展示的仅仅是患者创作的视觉艺术，实际上，有的患者还创造了美妙的音乐艺术。"

较主流的观点认为，当左侧大脑退化的时候，右侧与视觉、色彩觉、空间感等有关的脑组织就得到了"解放"，患者本身就具有的艺术灵感因而得以激发。换句话说，通常情况下，大脑的优势半球始终抑制着对侧，让它"安分守己"地发挥自己的作用，彼此维持一种平衡的状态。如果特定区域受到损伤，它就会失去对对侧的抑制作用，对侧的功能就会在失控的状况下，有非同寻常的发挥。

（济南军区总医院神经内科）曹秉振解释说，大脑各部分通过神经介质形成兴奋和抑制的环路，正常人脑内的这种所谓的"平衡"实际上也意味着"平庸"。所以不难理解，天才的大脑某一方面会特别突出，同时也往往存在着"不平衡"所带来的其他方面的缺陷。曹秉振认为，"有病的艺术的大脑"有其存在的理论基础，但要具体地弄清其发生的机制还非常困难，因为"人类对大脑高级功能的认识还非常有限"。[1]

神经病理学家发现，大脑具有分别处理形状、动作和色彩的中心，艺术家需要分别对这些中心进行刺激。单色的设计可以刺激大脑负责形状的中心，而淡化对形状和色彩的处理则可以刺激大脑负责动作的区域。加利福尼亚大学的神经病理学家维拉亚努尔·拉玛钱德兰总结出关于艺术感受力的八条基本规律。其中最重要的一条规律叫作"高峰转移"。当一个人关注玫瑰花的时

---

[1] 摘自 2004 年 7 月 23 日《南方周末》。

候，他会对别的花儿视而不见；当他关注一个人的鼻子的时候，他会对鼻子进行放大，其他的东西会被自然"过滤"或缩小。所以，当人们看到漫画或者现代派夸张变形的作品的时候，脑神经会促使"心理"表示理解和赞赏。

（三）审美是集体经验与个体体验、先天遗传与后天修为的结果

基因可以遗传。可以遗传的基因不仅是生理上的，也可以是文化心理、审美特性上的。

绝大多数年幼的蜘蛛在破壳之后不大与它们的双亲接触，可以说它们都不认得自己的父母，而且它们总是尽可能回避父母，以免成为父母的腹中之物。它们孤独地成长，没有任何榜样可供参考。但是，到了一定年龄，虽然不能通过视线把握自己的作品，但是它们依然很快织出自古以来就有的同样的网。

蜘蛛着手织网时，先将一根丝固定在一棵树上，然后把另一端牵到邻近的树上，使之处于同一高度。这根丝较粗，能经受它整个体重。之后，再从这根丝的中点拉一根丝固定在地面，形成字母"Y"的形状。其结点为网的中心。接着蜘蛛以这个中心为基准，沿着一个不变的角度顺时针逐步展开，形成一个螺旋网。蜘蛛还可以根据俘获物的特点织出不同花样的网。其操作程序相当规范，它们必须关注角度、距离、不同粗细的丝线的拉力……

研究人员认为，要解释这种现象，只能承认内在因素的存在，因为蜘蛛所处的周围环境没有任何可供参考的蜘网样本。这就意味着在蜘蛛身上存在着网的整体构思、网的形态和不同工作阶段的施工方案，并且有一种操纵进程的因素负责正在进行或将要进行的工作。担当传递信息给新一代的任务的是带有能把基因记录译成密码的脱氧核糖核酸链。

美国俄亥俄大学的一项研究表明，人类所有的行为都是由 15 种基本的欲望和价值观所控制的。心理学和精神病学教授斯蒂夫·里斯（Steven Reiss）说："几乎人类想做的每一件重要的事情都可以分解为 15 种欲望中的一种或几种，而且大都具有其遗传学基础。这些欲望引导着我们的行为。"

在美国洛克菲勒大学，几位科学家在研究会"唱歌"的雄黄雀时，发现

了一种新的生命组织。这种组织控制着雄黄雀的"音乐兴奋中枢"。在小心地把这种生命组织破坏之后，原来会婉转鸣唱的雄黄雀变得痴呆沉默。当科学家们把这种组织经过特殊手术移植进雌黄雀的大脑中后，原来只是被动聆听情歌的雌黄雀，居然"唱"起了迷人的"歌曲"。虽然人类遗传学家至今还没有明确，人的大脑中是否真的存在类似雄黄雀的那种"艺术细胞"，但心理学的研究证实，人类脑功能活动有其各自不同类型的特点。其中，的确存在"艺术型大脑"。胎儿在母亲腹内，可通过母亲来接受艺术的熏陶，感受艺术作品的美好，感受大自然的丰富色彩和美丽风貌。这些积极的情绪刺激促进了胎儿大脑细胞和神经系统的发育，并且在胎儿大脑相应部位的沟回处打上"艺术细胞"兴奋的烙印。"艺术基因"和"艺术细胞"，给审美带来先天基础。

还有一种"先天基础"就是"族群"的"审美观念"。

小海鸥总是啄海鸥妈妈的红色鸟喙，希望从中找到妈妈喂它们的食物，会对妈妈的红喙做出"开饭了"的反应；它们对一根画着三道红线的木条，也会做出相同的反应。但是，眼镜王蛇、海豹都不会有这种"审美"反应。

人类在进化过程中，外貌与体表的差异受到了地理因素的影响。比如黑人的黑色皮肤是抵抗地区猛烈的紫外线产生的结果（保护体内叶酸）；而白人的白色皮肤恰恰相反，由于居住于高纬度地区，阳光相对缺乏，而维生素 D 的合成需要紫外线，因此皮肤反倒不需要太多的色素（基因序列分析表明，白人皮肤变白产生的时间距今大概只有 5000—6000 年）。但是为何女性"以白为美"发展为全球性的审美倾向？印度神经科学家提出了"贫血论"，认为白色皮肤更容易发现是否贫血，这是身体是否健康的一项指标，因此它同样是人类出于生殖选择的结果。"以白为美"成为跨族群的共同的审美心理。

中国首席名模，获得国际、国内荣誉最多，知名度最高，中国第一个走向国际的名模吕燕，扁平的脸、细小到几乎看不见眼珠的眼睛、短而塌的鼻梁、香肠一样肥厚的嘴唇、满脸雀斑——在同胞的眼力，的确属于"长相困难"的女性。当初在国内模特界亮相的时候，她引来了诸多争议——"什么？这么丑也能当模特？"——这是吕燕经常听到的。所以，当国内造型设计师李东田激动地对她说"你长得特别漂亮、特别好看"时，吕燕心里还在琢磨他到底是在夸她还是在骂她。但是在西方，她却被惊为天人。她到巴黎仅仅几个月，就引起了世界最著名的时尚杂志的注意，当即为杂志拍摄了许多照片，参加了著名时装品牌的时装表演，一时间名声大噪，在巴黎时尚圈迅速蹿红。

林语堂《论中西画》，虽然不无偏见，但是总体上能说明"族群"在审美意识上的差别：

中国艺术的冲动，发源于山水；西洋艺术的冲动，发源于女人。

西人知人体曲线之美，而不知自然曲线之美。中国人知自然曲线之美，而不知人体曲线之美。

中国人画春景，是画一只鹧鸪。西人画春景，是画一裸体女人被一个半羊半人之神追着。

西人想到"胜利""自由""和平""公理"就想到一裸体女人的影子。为什么胜利、自由、和平、公理之神一定是女人，而不会是男人？中国人永远不懂。

中国人喜欢画一块奇石，挂在壁上，终日欣赏其所代表之山川自然的曲线。西人亦永远不懂。西人问中国人，你们画山，为什么专画皱纹，如画老婆的脸一样？

中国人在女人身上看出柳腰、莲瓣、秋波、蛾眉。西人在四时野景中看出一个沐浴的女人。

中国美术系（Apollionian Art），西欧美术系（Dionysian Art），前者主幽静、婉约、清和、闲适，后者主刚毅、深邃、情感、淫放。中国美术，技术系主观的（如文人画、醉笔），目标却在神化，以人得天为止境；西洋美术，技术系客观的（如照相式之肖像），目标却系自我，以人制天为止境。

当然，审美更主要是后天、个体经历经验的结果。

由于"先天"和"环境"的影响，在"什么是美""美有什么价值"等方面都有一定的"共识"。所以，生活在社会上的每个人都会有一点基本的审美能力。

但是，更强的审美能力依赖更多的"专业知识和技能"。

《一曲难忘》是描写波兰钢琴大师肖邦的故事影片，也是 20 世纪 40 年代的优秀文艺故事片。影片虽不是传记片，一些具体的情节也与史实不尽相符，但它对于肖邦的性格刻画，尤其是表现他对祖国的深切热爱，确实具有很感人的艺术效果。肖邦的部分重要作品，电影中也有所体现，不但寓意深刻，而且演奏的水平很高，旋律优美，场景典雅，引人入胜，十分感人。我知道肖邦和第一次听到他的钢琴曲就是从这部电影开始的。几十年过去了，电影中的场景、故事和那动人的琴声一直深存记忆之中。

我敬重肖邦，不仅因为他是一位旷世难得的钢琴家和作曲家，还因为他是一位伟大的爱国主义者。尽管他长期漂泊异国他乡，最后在巴黎去世，但一直没有忘怀他那被沙俄帝国侵占的祖国和受苦受难的同胞。临终前，肖邦甚至要求把他的心脏送回自己的祖国。我认为应当把肖邦这样伟大的人物介绍给我们广大的青年大学生。

……

在这里，我还想向音乐爱好者们推荐肖邦的《雨滴前奏曲》、李斯特的《爱之梦》和舒曼的《梦幻曲》，这三首作品是浪漫主义音乐时代著名的钢琴独奏曲，希望读者最好听一听。[1]

《一曲难忘》是一部电影。作者李岚清借这段文字表达自己对这部电影的看法。很多人都喜欢看电影，《一曲难忘》作为一部电影，看它、看懂它，对大部分人来说不是什么困难的事情。但是，要能够不止于"看热闹"，就需要一定的"知识"。比如，你得知道肖邦是一个历史人物，了解肖邦生平的一些"史实"和部分作品，懂得关于"性格""场境""旋律"的要求。否则，你就得不出"影片虽不是传记片，一些具体的情节也与史实不尽相符""它对于肖

---

[1] 李岚清. 李岚清音乐笔谈 [M]. 北京：高等教育出版社，2004.

邦的性格刻画，尤其是表现他对祖国的深切热爱，确实具有很感人的艺术效果""肖邦的部分重要作品，电影中也有所体现，不但寓意深刻，而且演奏的水平很高，旋律优美，场景典雅"等审美感悟和审美判断。

作者在这篇文章的结尾推荐肖邦的《雨滴前奏曲》。据乔治·桑在《我的一生》中记载，有一天她在暴风雨后回家，听到肖邦正应和着屋檐滴落的雨声弹奏一首前奏曲——这就是"雨滴"的出处。不过乔治·桑随后又写道："当我让他留意窗外的雨滴声时，他否认曾听到雨声，还很不高兴我将此称之为模仿和声……"由此可见，肖邦并未给此曲取名"雨滴"。《雨滴前奏曲》总体上有三个部分：第一部分舒缓平静，第二部分抑郁低沉，第三部分是第一部分的重复，均是形象表现雨声。全曲总体上纯净明朗、清新与宁静。倒是同时期创作的《b小调前奏曲》更符合"雨滴"的标题，其曲风伤感，伴奏声部有"雨滴"特征。

在音乐知识与素养方面没有一定修为的人，是无法真正欣赏肖邦的这首曲子的。

孔子说："知之者不如好之者，好之者不如乐之者。"（《论语·雍也第六》）一个仅有一定知识技能的人，未必能够成为真正的审美者。"兴味"二字很重要。一个对弹琴没有兴味的人，仅仅有关于音乐的知识和弹奏乐器的技能，未必对音乐产生趣味。审美是一种心灵的感应。所以，培养兴趣对审美而言至关重要。

"净洗铛，少著水，柴头罨烟焰不起。待他自熟莫催他，火候足时他自美。"以薄皮嫩肉加名酒焖制的东坡肉，色泽红亮，味醇汁浓，酥烂而不碎，香糯而不腻。苏东坡本是文学家、书画家，但是他在黄州期间也是著名美食家，他好品尝，亦好下厨房。他研究"豆粥"："地碓春秔光似玉，沙瓶煮豆软如酥"；钟情"春菜"："蔓菁缩根已生叶，韭菜戴土拳如蕨。烂蒸香荠白鱼肥，碎点青蒿凉饼滑"。正是因为这样酣浓的兴味，"宁可食无肉不可居无竹"的东坡，对美食才有这样高妙的鉴赏力。

审美价值观在审美过程中发挥至关重要的作用。王安石在做县令的时候，有人送他一方砚台，该砚台十分神奇——向它呵气，它能立即出水。可王安石不稀罕，他说："纵然呵出一担水，又能值几个钱？"作为文学家的王安石，不是不能欣赏宝砚，他只是把廉洁看得更加重要而已。鲁迅先生说，一部《红楼梦》，经学家看见《易》，道学家看见淫，才子看见缠绵，革命家看见排满，流言家看见宫闱秘事。面对同样的审美对象，不同的人因为秉持不同的价值观，会产生不同的审美体验和价值判断。

《庄子·秋水》里有一个寓言：有一天庄子在濮水上钓鱼，楚王派两名大夫跑来找他，表示楚王愿意请他出山主持国政。庄子手持钓竿头也不回，慢悠悠地打个比方，说，我听说楚国有个神龟，已经死了三千多年了，大王把它精心收藏供在庙堂之上。你说，它是宁可做个死龟被尊贵地供奉在庙堂之上，还是情愿活着在泥巴里拱来拱去？好死当然不如赖活。但是，把国相当作"死乌龟"的差事，也是庄子特立独行的审美判断。判断的基础不是别的，正是他与众不同的审美价值观。

> 比如园里那一棵古松，无论是你、是我，或是任何人一看到它，都说它是古松……假如你是一位木商，我是一位植物学家，另外一位朋友是画家，三人同时来看这棵古松。我们三人可以说同时都"知觉"到这一棵树，可是三人所"知觉"到的却是三种不同的东西。你脱离不了你的木商的心习，你所知觉到的只是一棵做某事用值几多钱的木料。我也脱离不了我的植物学家的心习，我所知觉到的只是一棵叶为针状、果为球状、四季常青的显花植物。我们的朋友画家什么事都不管，只管审美，他所知觉到的只是一棵苍翠劲拔的古树。我们三人的反应态度也不一致。你心里盘算它是宜于架屋或是制器，思量怎样去买它，砍它，运它。我把它归到某类某科里去，注意它和其他松树的异点，思量它何以活得这样老。我们的朋友却不这样东想西想，他只在聚精会神地观赏它的苍翠的颜色，它的盘屈如龙蛇的线纹以及它的昂然高举、不受屈挠的气概。[1]

---

[1] 摘自朱光潜所著《我们对于一棵古松的三种态度——实用的、科学的、美感的》。

不同的价值观带来的是不同的审美判断。所以，修炼价值观，是提升审美水准的必要前提。

六、审美活动的本质特征

审美活动是人类一种特殊的精神活动。通俗的解释，就是人在客观对象某种属性的刺激下，感受到了它的"美"。

"审美"作为美学范畴，又称"美感"，与美对举。

"美感"这一概念，有广义、狭义之分。广义的美感即"审美意识"；狭义的美感即"审美感受""审美情感"或"审美判断"。

当人们面对一泓清澈澄碧的溪流、几朵舒卷自如的白云，或者，那是直插青天的峰峦、拍岸堆雪的惊涛，他心里常会滋生出一份特别的快意：舒适的或者振奋的。

当人们鉴赏一幅画、一座雕像，他惊叹那超群绝伦的高超技艺，并深深地为其中的意蕴所吸引、所陶醉，竟至流连而忘返。

当人们阅读一首诗、一部小说，那优美神奇的语言，在不知不觉中，轻轻地拨动了他感情的琴弦，那书中人物的命运使得他欢喜得颤抖或者潸然而泪下。

当人们在聆听乐曲时，眼前仿佛出现了一个异乎寻常的天地，内心被撩拨得十分厉害，其况味又难以言表，以至全神贯注地沉浸其中。

……

每逢这样的时刻，人的审美意识开始萌动，人也进入了审美的状态。

美感，即审美意识，为人类所专有，动物是不具备此种意识的。尽管不少动物有华美的羽翼或靓丽的皮毛，但那只不过是漫长历史岁月中适应外部环境与满足本能需要的结果。

美感，总是伴随着快感，又不同于快感，虽然两者的实际效应都是舒适感与愉悦感。快感，一般是感官的快意，属于本能体验，是生理性的；美感，则是精神的快意，属于心灵体验，是心理性的。快感是纯感性的直接刺激，如品尝可口的佳肴（味觉），领略花卉的芬芳（嗅觉），按摩与挠痒（触觉）等等。美感当然也属于感性活动，但它更复杂、更高级，这个过程有感知，有想象，有思维，有情感，种种心理功能在潜隐中进行着自然的协调，是"自然的人化"的表现。即使是瞬间的美感，也烙印着人类漫长历史的全部成果，即如"集体无意识"（荣格）或"积淀"（李泽厚）理论所认为的那样。因此，审美是感性的，又是超感性的。

审美活动的本质特征，我们将从以下几个方面加以述说：

（一）形象直觉性

审美也是"认识"，但不同于一般的"认识"。

首先，它不是哲学思维。哲学思维要竭力排除外在现象（事物）的特殊性、个别性，探讨其普遍性、共同性。审美离开了具体的、特殊的、个别的外在现象（事物）就无从谈审美。

审美不是读历史教科书。从大量具体历史人物与历史事件的述说中，理性地归纳出一个规律性的结论，这也不是审美。

审美，在大多数情况下属于"无意注意"。偶尔地拿起一本小说，偶尔地浏览一幅画，偶尔地打开收音机的旋钮，优美的音乐从中缓缓流出……总之，它在起点上就面对着具有形象或形式的感性对象。而且，在审美的全程中，这个感性对象都不会被抛弃，被替代，不会消失，也不会淡化。甚至可以说，一旦离开了这个感性对象，审美活动就会立即阻断、中止。审美活动与逻辑思维一样，有认识上的作用。只是它是以艺术的方式去把握与理解，因循的是情感的而不是理智的通道。

所以，一切能够作为审美对象的事物，都具有鲜明的、外在的可感形象或形式。美术以线条和色彩作为手段，构建形象；音乐以音调、节奏、旋律作为手段，构建形象；文学则以语言、文字作为手段，构建形象。自然风景、建筑与雕塑，更是以它们确确实实的存在呈现在人们眼前。

然而，并非所有具备形象或形式的事物，都可以成为审美对象的。作为审美对象的事物，必须包含内在意蕴与意味。

医学挂图、生物挂图，都不乏人体图像与动植物图像，但它们只能成为认知的教材，不能成为审美的对象。原因就是接触它们，只有知识上的明了，而无情感上的颤动。如果是达·芬奇的《蒙娜丽莎》、徐悲鸿的"马"呢，那情形就绝对不同了。只要在《蒙娜丽莎》面前多站一会儿，你就会被她那似笑非笑的神秘的眼波、那玉润纤细的双手、那呼之欲出的灵动神采所倾倒了，你会惊赞"人"这种绝美的动物是怎样被创造成功的。同样，鉴赏徐悲鸿的"马"，你看到的不再是一匹生物的马、一匹现实生活中的马，而是一种蓬勃向上、一往无前的精神，你会神情振旺，你会热血沸腾。

现代艺术不少是对现实图像的超越，把实际生活图像变形了、抽象了、升华了，只剩下了看似杂乱无解的线条与色块。但是，个中却蕴含着无穷的人生意味，所谓是"有意味的形式"。李泽厚曾说："在那么吵闹毫无思想的DISCO舞蹈中，却也仍然可以有人生的深刻意味，青年们之所以为此'疯狂'，其实并不是一件浅薄的事。"[1] 这个见解，同样也是很"深刻"，很耐人寻味的。

（二）情感愉悦性

审美活动能够给人带来愉悦，实现精神上的全方位满足。所以，有人说"审美是一种享受"，这是不错的。人类社会除了哲学、伦理学、政治学、经济学、各种自然学科等探讨宇宙与人生真理奥秘的知识门类之外，还要有文学、音乐、美术、戏剧、影视等等，道理就在于此。

人们有了舒适的居室、安定的生活，不是很好吗？为什么还要风尘仆仆地外出旅游？为什么一进入山林，人就有一种投入怀抱的感觉，身心就像经过了一番洗涤，格外清纯，格外宁静？

宋代范仲淹在他的《岳阳楼记》中这样写道：

---

[1] 李泽厚. 美学四讲 [M]. 北京：生活·读书·新知三联书店，1989.

至若春和景明，波澜不惊，上下天光，一碧万顷；沙鸥翔集，锦鳞游泳；岸芷汀兰，郁郁青青。而或长烟一空，皓月千里，浮光跃金，静影沉璧，渔歌互答，此乐何极！登斯楼也，则有心旷神怡，宠辱偕忘，把酒临风，其喜洋洋者矣。

恩格斯在饱览了海的壮观之后，也做了类似范仲淹的生动描述，并在结尾如此感叹："于是你的一切忧思，一切关于人世间的敌人及其阴谋诡计的回忆，就会烟消云散，你就会溶化在自由的无限的精神的骄傲意识中。"[1] 看看，这段话与范氏的"心旷神怡，宠辱皆忘"，除了语种不同之外，在内容上，不是完完全全的一致吗？

对自然美的神往，是古今中外所有人类的共同心理，这并非偶然。

当然，我们不能无视一种理由："人来源于动物界这一事实已经决定人永远不能完全摆脱兽性，所以问题永远只能在于摆脱得多些或少些，在于兽性或人性的程度上的差异。"人来源于动物界，也就是来自大自然。对于遥远的家园，人类不会忘怀。所以，走进大自然，人就有一种强烈的回归感、安宁感。就像婴儿躺在母亲的怀抱里一样。

不过，人终究是"自然的人化"的产物，人与自然的这种先天的情结毕竟隐藏在潜意识中。更主要的原因，从人文意义上说，还是大自然的"美"，构成人与自然永不消解的情缘。

面对浑然天成的贵州黄果树大瀑布，

仰视鬼斧神工的黄山峭壁险峰，

进入繁花绿树的幽谷，

放眼苍茫浩瀚的草原

……

这一切都使人情感激荡，深感生活的甜美，体悟人生的意义。

这是自然的馈赠，也是"美神"的馈赠。

---

[1] 中共中央马恩列斯编译局. 马克思恩格斯选集 [M]. 北京：人民出版社，1972.

当我们判定审美活动具有精神愉悦的特质时，还有些问题是回避不了的。比如观赏悲剧，剧中人物的不幸命运，所表现的总是人类的苦难。其情节，往往催人泪下，怎么还可能使人"愉悦"呢？再如艺术反映生活，生活中的丑恶也同样在反映之列。这种"丑恶"也能让人"愉悦"吗？

应该说，悲剧只能给人以"痛感"，"丑恶"只能给人以"恶感"。它们能够成为人们的审美对象，同样能够引起人的精神愉悦，这是怎么回事呢？

首先，快乐的源泉是来自不受阻碍的自由活动。有的"痛感"也能转化为"快感"。生活中就有"痛痛快快地哭一场"的说法。"痛痛快快"就是充分地、尽情地宣泄。宣泄会造成"快感"，弗洛伊德是持这一观点的。悲剧把人类普遍的悲剧体验与悲剧意识加以充分表现；某些喜剧把丑恶的东西淋漓尽致地加以揭露，满足了人们在这方面的情感宣泄的需要，人们自然从中感受到一种快意的愉悦。

第二，朱光潜说："一部伟大的悲剧不仅需要表现巨大的痛苦，还必须表现对灾难的反抗。……引起我们快感的不是灾难，而是反抗。命运可以摧毁伟大崇高的人，但却无法摧毁人在反抗中所表现出来的伟大崇高。"这是对的。

《红楼梦》中，林黛玉的形象之所以动人，并非仅是她所遭逢的爱情悲剧；更重要的是，她在整个恋爱过程中，以至进入这个过程的终点，都一直清醒地坚守着自身的尊严。从未妥协，从未放弃人格，在含泪告别人间时，她也没有忘却焚烧那些她认为已不再美丽的诗稿及遗物。一个不幸的然而崇高无比的女性形象，就是这样在人们心目中站立起来而历久不衰。

同样，艺术中表现"丑恶"，是淋漓尽致的，是彻里彻外的。用鲁迅的话说，就是"把那无价值的撕破给人看"。这一"撕破"，所有伪装的庄严、贴金的假面、虚幻的美丽统统化为乌有，暴露出来的是真切无遮的血淋淋的残忍与令人作呕的腐臭。这不也叫人快意吗？

第三，作为艺术形态呈现的审美对象，其表现过程与表现手法都是经过艺术锻造的，都是已经提炼过了的黄金，本身就具有艺术美的价值。

所以，情感愉悦性是审美活动的一个普遍规律，它构成了审美活动的本质特征之一。

（三）非功利性

审美活动是否带有实用的功利色彩？这个问题，历来争论不休。

马克思在《1844 年经济学－哲学手稿》中这样说过："因此，〔对物的〕需要和享受失去了自己的利己主义性质，而自然界失去了自己的赤裸裸的有用性，因为效用成了属人的效用。"[1] 马克思所强调的"属人的效用"，即是把"人"的需要与纯动物的需要区别开来。也就是说，"人"的某些需要不同于动物那样，直接是为了个体的生存（如"食"）与种族的繁衍（如"性"）。马克思所讲的这种"属人的效用"，应该是指感性的功利性的消失，审美活动的效用应该就是这种"属人的效用"。

在此之前，康德也说过："每个人必须承认，一个关于美的判断，只要夹杂着极少的利害感在里面，就会有偏爱而不是纯粹的欣赏判断了。"[2]

这些论断应该是可信的。

郑板桥的"竹"，不能用来做建筑材料；徐悲鸿的"马"，不能用来供骑或驮物。它们不具备丝毫实用的价值，但人们从这些纸上的"竹"与"马"中得到的欣悦，是真实的竹与马所不能提供的；在人们的眼中，它们的价值也不是真实的竹与马所能比拟的。

人们从对审美对象的观照中领略到、参悟到一种这个对象实体之外的人生意蕴。从而，伴随满足感而来的愉悦感就产生了。

审美活动就是这样的一种精神活动，它使人精神充实，心灵净化，生命力高涨；因此，审美活动是人类超越实用功利性的一种高级精神活动。

既然这样，为什么在审美活动中，仍然经常感觉到功利性的影子并未真正消失，反而常常挥之不去呢？

比如"金陵十二钗"中的薛宝钗与王熙凤，都是生态上极美的人。为什

[1] 李泽厚. 美学四讲 [M]. 北京：生活·读书·新知三联书店，1989.
[2] 康德. 判断力批判 [M]. 北京：商务印书馆，1987.

么不能引起人的美感，相反，还要投以鄙弃的眼光？

举一个例子：一次，贾宝玉要看薛宝钗的串子，宝钗便褪给他。书中写道：

> 宝钗原生的肌肤丰泽，一时褪不下来。宝玉在旁边看着雪白的胳膊，不觉动了羡慕之心，暗暗想道："这个膀子，若长在林姑娘身上，或者还得摸一摸；偏长在他身上，正是恨我没福。……再看看宝钗形容，只见脸若银盆，眼同水杏；唇不点而含丹，眉不画而横翠：比黛玉另具一种妩媚风流；不觉又呆了。宝钗褪下串子来给他，他也忘了接。"

不必讳言，贾宝玉此刻面对这位天生丽质的美人，确实进入了一种忘我的审美状态；但是，我们也同时感觉到他对这个审美对象还是存有某种保留的态度。他只能接受她的一部分，而不能接受她的全体；或者说，只能神往她的外形，而拒绝她的全人；又或者说，她的美只存在于这个短暂的瞬间，很快，它就消逝得无影无踪了。

看来，属于人的这种审美活动的确是复杂的，它同其他关联到人的问题一样，实际上总是充满着悖论。因此，我们还是赞同李泽厚的观点："审美既是个体的（非社会的）、感性的（非理性的）、没有欲望功利的，但它又是社会的、理性的、具有欲望功利的。""人们的感情虽然是感性的、个体的，有生物根源和有生理基础的，但其中积淀了理性的东西，有着丰富的社会历史的内容。它虽然仍然是动物性的欲望，但已有着理性渗透，从而具有超生物的性质。"[1]

我们说，审美活动具有非功利性特点，正是就审美活动的常态、显性的一面而言的。这并不意味着否认在人的潜意识中有着理性（包含功利性）渗透的事实，就如同在前文中我们所认同过的观点：审美是感性的，又是超感性的。

---

[1] 李泽厚. 美学四讲 [M]. 北京：生活·读书·新知三联书店，1989.

七、审美心理的共同性与审美情趣的差异性

（一）"口之于味，有同嗜焉"

人类作为一个同类的群体，其历史的发展与社会的实践无可避免地有着代代传递与彼此渗透的性质。这就是人类审美心理具有一定的共同性和相对的稳定性的基础。前人在这点上早有觉察，孟子曾这样论述："口之于味也，有同嗜焉；耳之于声也，有同听焉；目之于色也，有同美焉。"孟子的这一观点，时隔两千多年，仍为人们所接受。"口之于味，有同嗜焉"[1]，这是孟子的经典论断，不仅证实了"爱美之心，人皆有之"，还证实了人类审美心理有其整体共性的一面。的确有一些事物的美是能够为全体人类所共同接受、一致珍爱的。

众所周知，中国同西方在文化背景上的差异是很大的。但这并不妨碍中国古老的民族音乐（如《二泉映月》《春江花月夜》《十面埋伏》）与西方各国听众在心灵上的交流。著名指挥家小泽征尔第一次听《江河水》的演奏，竟然感动得痛哭失声。中国京剧在参加 1979 年世界戏剧节演出时的实况，著名演员李玉茹在《西欧演出散记》中有生动的记载：

第一出戏是《三岔口》……把观众的情绪从一个高潮引向另一个高潮，幕还未落下，叫好声、欢呼声、鼓掌声震撼了整个大厅……观众仿佛进入了半疯狂状态……最后竟情不自禁地跺起地板了。当压轴戏《雁荡山》演完以后，观众仿佛再也不能控制自己，他们虽然并不离开座位，纹丝不动地坐着，但是鼓掌、跺脚长达十几分钟，非常礼貌地欢呼着不肯离场……

---

[1] 何其芳. 何其芳文集（3）[M]. 北京：人民文学出版社，1983.

同样，中国人也醉心于莎士比亚、罗曼·罗兰、惠特曼、贝多芬、《天鹅湖》……

至于那些社会色彩更淡的自然山水、花鸟虫鱼之类的绘画、抽象的图案艺术，就更是全人类所共享的美了。

除了愚昧无知或别有用心的人，人们都不会不承认这种审美心理的共同因素的存在。

（二）"情人眼里出西施"

审美的天地辽阔无垠。日月星辰、湖海峰峦、珍禽异兽、花木草虫、小说诗歌、音乐美术、戏剧影视……不一而足。

审美的世界又变化多端。同一事物，此人以为美者，彼人或以为不美甚至丑；此时以为美者，彼时或以为不美甚至丑；置于此地以为美者，置于彼地则以为不美甚至丑。美的这种看似不确定性、易变性的情形，常令人深感困惑。

这其实是一个审美情趣的问题。审美情趣又叫审美趣味，它是审美主体在面对具有审美属性的事物或现象时所表现出的一种特殊的"判断力"，一种独特的审美定向，也就是我们平时常说的一种属于个体的"喜好与偏爱"。

审美情趣，是由审美经验长期"积淀"而成。因此，极具个别性与特殊性。

每个人的时代、社会、民族、阶级的定位各不相同，年龄、性别、性格、气质、职业、成长经历、生活环境、文化教养更是千差万别。这种客观的差异性便决定了每个人审美情趣的独特性。

爱情关系中的审美情趣是最能说明这种独特性的。

男女相爱——这里指的是排除了功利因素的那种真诚的相爱，有时也显现出超理性的现象，即人们都认为是天造地设的一对，而当事人却彼此格格不入；局外人认为并不般配的男女，却彼此爱得死去活来。平平的相貌，在热恋中的人看起来，竟然美得百看不厌，这就是俗语所谓的"情人眼里出西施"。人们常把这种现象称为"缘分"。其实，"缘分"并不神秘，它只是人的诸种审美心理因素在某一点上的组合聚焦。而且，与旁观者不同的是，在相处相爱的过程中，当事人不仅熟悉了对方外在的一切，还触摸到了对方内在的心灵，只有他自己才能读得懂的人间的"这一个"。这就是马克思在写给爱人燕妮的信中所说的："……然而爱情，不是对费尔巴哈的'人'的爱，不是对摩莱肖特的'物质的交换'的爱，不是对无产阶级的爱，而是对亲爱的，即对你的爱，使一个人成为真正意义上的人。"[1] 审美的个性化特点就是如此鲜明与突出。

1989 年初，中央美术学院举办了由中青年油画家参展的"油画人体艺术大展"。诚如新华社新闻稿中所言，这在"中国美术史上是一次大的突破"。《上海文学艺术报》记者也写道："视裸体艺术为禁区的传统文明将受到一次怎样的震撼和冲击呢？"事实是这一非常的举动的确造成了轰动效应，甚至掀起了一场不小的风波。首先是观众的反应大相径庭。一位工人诚实地说："像是进了澡堂子。"陕北来的农民气愤地说："艺术怎么尽是光屁股？"而两位年轻的文化人则在留言簿上写道：

> 欣赏人体艺术，会使正常人的灵魂锻炼得更健康，更纯洁。
> 很难想象一个连自身都不敢欣赏的民族会建成一个现代化国家。

当时的文化部副部长英若诚说："与西方人相比，中国人对'人体'有着更多的心理束缚，从这个意义上，美展无疑是人们观念现代化的一步。"而两位模特在画展上被人认出后，非议纷纷，以致无地自容，引出一起模特状告画家的诉讼。

人体美是"美中之绝美"。（刘海粟语）但欣赏这种超级的美，得具备一定的文化修养；否则，即使是艺术极品维纳斯、安格尔的《泉》，也只能招来或者羞涩，或者鄙夷，或者燃烧着欲火的眼神。

音乐被称为人类最早的共同母语。即使如此，不同地域的人对音乐的欣

---

[1] 河洛，周忠厚，徐永佑，赵晓光. 实践与美学 [M]. 北京：书目文献出版社，1982.

赏情趣也有着明显的差异：马头琴流淌出来的是那种深沉辽远，像来自历史深处的咏叹般的草原之曲；高胡弦上跳跃着的是那种富丽、明亮，如同红灯高悬、笙歌彻夜的宴乐般的南国之音；伴随手鼓响起的是飘逸着花果芳香、欢快流畅的轻歌曼舞；如西北风刮来的强劲豪放的歌声，一定出自黄土高原……扩大而言之，西洋音乐有的是奔放与风趣，印巴音乐有的是缠绵与神秘，华夏音乐有的是含蓄与优雅。不同地域与种族造就了多姿多彩的审美情趣。

总之，审美心理的共同性与审美情趣的差异性，是审美活动中正常的现象。无视它，或人为地强求一律，都是违反审美规律的。

八、"美" 是未来的伦理学

（一）美，是人生的支柱

爱美，并非仅仅是世俗所认为的"爱漂亮"，并非仅仅是外形的打扮和修饰。爱美，是人类共同的理想追求，属于人的一种天性。不同仅在于，有的人爱美是自觉的，有的人爱美则是不自觉的。

革命者就义时，只要环境允许，都要从容地将自己整理一番。他此时想到的恐怕不是什么"漂亮""仪表"，而是一个人的"尊严"，一个为正义事业即将牺牲的人应有的壮烈情怀。

一位农村老太外出走亲戚，总要从箱底翻出一件最像样儿的衣裳穿上，临出门，还要扯一扯，拍一拍。她也许没有很明确的爱美观念，但这种举动，就是要在人前显示自身的"形象"，就是一种不自觉地对"美"的追求。

人只要具有"人"的意识，他就不可能不爱美，不追求美。日本美学家今道友信说："美以及凝聚着美的艺术，并不是人生的装饰品，它是人生的支柱，是具有吸引力的人生的希望。"[1] 这个看法是符合事实的，也是很深

---

[1] ［日］今道友信. 关于爱和美的哲学思考 ［M］. 北京：生活·读书·新知三联书店，1997.

刻的。

（二）美，是通向理想生活的桥梁

人类懂得欣赏美、创造美、追求美，人类社会的历史是美的不断被发现、被创造、被发展、被发扬的历史。但是，美丑不分甚至美丑颠倒的现象，在人类历史上并不鲜见。在奴隶制度、封建制度和资本主义制度下，劳动者创造的审美客体却与劳动者本身分离了、对立了。"劳动为富人生产了奇迹般的东西，但是为工人生产了赤贫。劳动创造了宫殿，但是给工人创造了贫民窟。劳动创造了美，但是使工人变成畸形……劳动生产了智慧，但是给工人生产了愚钝和痴呆。"[1]

在社会主义制度下，"美"是否就取得了稳固的合法存在的权利呢？结论还不是肯定的。中华人民共和国成立以来，在"美"的问题上，走了一个"S"形的路。20 世纪 50 年代初期，效法苏联，把"美"定为"四育"之一，提倡穿花衣服，提倡生活的美化；20 世纪 50 年代末期，由于政治因素，"美"被视为修正主义、资本主义的东西，缄口不提了；"文化大革命"期间，"美"更是遭到史无前例的大规模毁灭，代之而起的是蒙昧主义，是现代迷信与造神运动，是那种庸俗不堪与腐朽至极的恶丑。

美丑不分、美丑颠倒，正是这个时期的特征之一。

除了政治因素之外，不学无术、愚昧无知，也是"美"的灾星。马克思、恩格斯、列宁，从来没有对历代人们所创造的伟大艺术持轻蔑与敌视的态度。而自诩为"笃信马列"的一伙人，则对一切文化遗产予以全盘否定，横加扫荡。无怪乎马克思要说："不学无术（引者按：或译为'愚昧无知'）是一股魔力，因而我们担心它还会造成更多的悲剧。难怪最伟大的希腊诗人在……悲剧中都把不学无术描绘成悲剧的灾星。"[2]

这就证明，文化教养程度越高，对美的欣赏水平也就越高。"美"被越来

[1] 董学文. 马克思恩格斯论美学 [M]. 北京：文化艺术出版社，1983.

[2] 董学文. 马克思恩格斯论美学 [M]. 北京：文化艺术出版社，1983.

越多的人所接受，"丑"也就越来越少有容身之地，社会才越合理，越美好。美，一旦普遍成为社会伦理的艺术化形式，社会风气便能大为改善，群体的熏陶作用就能充分发挥。苏联教育家马卡连柯对战争年代散落在社会上沾染了恶习的青少年教育的成功，苏联学者尼·阿·德米特里耶娃在《审美教育问题》中是这样总结其经验的："在良好的集体条件下，'特殊'人物的虚假的浪漫主义光彩，那个与集体相对立的傲慢少年所特有的'美的姿态'，是何等不堪一击而自然而然地破产。他那种装出来的胆大妄为、不顾一切和'浪荡不羁'的作为，谁也不再感到是令人敬佩的了，相反地，使人感到可笑。这是集体主义美学直接作用的后果，由于有了这种集体主义，个人主义的道德就显得丑态毕露了。对流氓不是恐吓，不是对他规劝，也不是对他背诵教条，而恰恰是这种美感上的破产——他已成了一目了然的'光杆司令'，才是促使他自我改造的有利因素。"[1] 从这个意义上看，高尔基说的"美是未来的伦理学"[2] 是十分有道理的。它意味着，在未来美好的社会里，指导人们行为的，不仅是社会外在的伦理道德的规范，而且，主要是每个人那种内在的美意识，以及渴望成为道德和情感上完美的人的心理需要。这正如席勒所指出的："要使感性的人成为理性的人，除了首先使他成为审美的人，没有其他途径。"[3]

（三）只有在逐步了解美的过程中，才能建立健康的审美情趣和审美理想

马克思说："对于没有音乐感的耳朵说来，最美的音乐也毫无意义，不是对象。因为我的对象只能是我的一种本质力量的确证……"[4]

对美的感应，是人的特性之一。但是辨识真正的美，提高对美的鉴赏品级，加强对美的鉴赏能力，则还需要后天的开发和训练。音乐、绘画、书法

[1] [苏] 尼·阿·德米特里耶娃. 审美教育问题 [M]. 北京：知识出版社，1983.
[2] [苏] 尼·阿·德米特里耶娃. 审美教育问题 [M]. 北京：知识出版社，1983.
[3] [德] 席勒. 美育书简 [M]. 北京：中国文联出版公司，1984.
[4] 董学文. 马克思恩格斯论美学 [M]. 北京：文化艺术出版社，1983.

都有所谓"世家",代代相传,就是因为在特定的艺术环境中,长年累月地耳濡目染,自然而然地就形成了很强的鉴赏力,正所谓"家学渊源"。

缺乏美的修养的人,常常会把新奇、怪异、纯生理刺激的东西误认是美。或者不顾自身条件,不讲和谐,一味追赶"时尚""时髦",结果却适得其反。

精神境界不高的人,对生活中时时处处都闪耀着美的火花往往是视而不见,甚至以为是"丑"而加以嘲弄。

对待艺术也如此,有些生活中应有的,又是同作品主题密切相关的情节或细节,作家将其表现出来,这本来是属于正常的事。然而,不同的读者会按照自身的心灵频率,从作品中接受与之相适应的信息。正如鲁迅所说:"《红楼梦》是中国许多人所知道,至少,是知道这名目的书。谁是作者和续者姑且勿论,单是命意,就因读者的眼光而种种……"[1]

所以,小说也好,影片也好,人体画也好,从它们中间,有的人是在搜寻情欲,有的人是在领略诗意,这就产生了情趣的分野。即使角度相同,审美修养深的人与审美修养浅的人相比较,他们感受的理性深度也是不同的。

(四)人,按照美的规律来建造

"动物只是按照它所属的那个种的尺度和需要来建造,而人却懂得怎样处处都把内在的尺度运用到对象上去,因此,人也按照美的规律来建造。"

这是说,人不仅爱美,而且把美的意识物化为他生活中的一切。即使处在极度贫困中的人们,也并不漠视美。如旧时代穷人家的女孩子头上的一根红头绳,春节来临时茅屋里贴上的几幅窗花之类,都表明美永远是人的喜爱和向往。

随着人类生活质量与水平的日渐提升,19世纪末20世纪初,西方发达国家首先提出了物质生活领域技术与艺术、科技与美学相结合的新课题。美开始自觉地、理性地全面进入人类物质生活领域,并很快创建为一种专门学问,名为"技术美学"。

----

[1] 鲁迅. 鲁迅全集(8)[M]. 北京:人民文学出版社,1981.

技术美学进入我国是在改革开放的年代，这是可以理解的。当生产力得到充分的解放，大多数人经济状况有了明显的改善，"温饱"不再成为问题的时候，人们对美的要求就更加突出与强烈。生产厂家敏锐地捕捉到这一市场信息。于是，在"一切为了人是工业设计的出发点"的指导方针下，各种具体的口号不断地曝出，如绿色化、人性化等等。绿色化是从保证人体健康考虑，人性化则更进一步从舒适与美观考虑。这就是为什么今天各类商品的外形与包装日臻美化并出现争奇斗艳势头的原因。走进商场，不仅能满足你对物质生活的各种需要，还能让你赏心悦目、久久流连。而这仅仅是开始，随着社会的进步，更加灿烂美妙的生活还在后面。全世界都在为创建更美的明天而努力。

（五）人的美不同于自然美和生物美

人的美除了外在因素外，更重要的一个方面是内在因素。内在因素包含心灵美、气质美、智慧美等等。如果说，外在的形式是可以模仿的，那么，内在的气质则是学不来的。同样是美女，"大家闺秀"与"小家碧玉"，稍事接触，大体上可以分辨出来，就是由于这个缘故。内在的美，可以弥补外在的不足与缺陷。孟德斯鸠就说："一个女人只有通过一种方式是美丽的，但是她可以通过十万种方式使自己变得可爱。"

具备了高尚审美情趣的人，他会自然而然地欣赏和追求乃至创造生活中真正美的东西，也会本能地摒弃生活中丑恶的、庸俗的东西，并对一切丑恶现象持不调和态度。这种人十分珍视人的最根本的美：心灵美、气质美、智慧美。所以，他们总是竭诚地热爱生活，热爱真理，并孜孜不倦地追求。

第三章

这些， 你发现了没有
——教师审美情趣的意义和价值
JIAOSHI SHENMEI QINGQU DE TAOYE

审美情趣是人的审美意识的一个组成部分，它既要受到地域、阶级、民族的共同观念及人类普遍情感的影响，又带有鲜明的个人色彩。尤其在审美取向方面，更具主观性、独特性，更加个性化、多样化。

教师，作为社会中的一个职业群体，当然有其自身的特质。因而，教师的审美情趣，必定带有为这一群体特质所规定的特色。

首先，审美情趣虽是人的心理结构与心理表现的一个侧面，它却为人的综合素质所制约、所导引。因而，审美情趣实质上是教师综合素质的外化。

其次，由于教师职业的性质，教师的审美情趣已不仅仅是教师个人的事，它还要体现于教师工作的一切领域，其影响具有普遍意义与社会意义，是十分深远的。

由此看来，教师审美情趣是个值得关注与探讨的课题。

一、教师审美情趣关乎教师的职业形象

最使我难忘的，是我小学时候的女教师蔡芸芝先生。

现在回想起来，她那时有十八九岁。右嘴角边有榆钱大小一块黑痣。在我的记忆里，她是一个温柔而美丽的人。

她从来不打骂我们。仅仅有一次，她的教鞭好像要落下来，我用石板一迎，教鞭轻轻地敲在石板边上，大伙笑了，她也笑了。我用儿童的狡猾的眼光察觉，她爱我们，并没有存心要打的意思。孩子们是多么善于观察这一点啊。

在课外的时候，她教我们跳舞，我现在还记得她把我扮成女孩子表演跳舞的情景。在假日里，她把我们带到她的家里和女朋友的家里，在她的女朋友的园子里，她还让我们观察蜜蜂，也是在那时候，我认识了蜂王，并且平生第一次吃了蜂蜜。

她爱诗，并且爱用歌唱的音调教我们读诗。直到现在我还记得她读诗的

音调，还能背诵她教我们的诗：

圆天盖着大海，

黑水托着孤舟，

远看不见山，

那天边只有云头，

也看不见树，

那水上只有海鸥……

今天想来，她对我的接近文学和爱好文学，是有着多么有益的影响！（魏巍《我的老师》）

作者笔下的蔡芸芝老师是一个普通的小学教师。但是她在孩子的眼里是一个温柔美丽的形象，这不仅仅因为她教孩子跳舞，教孩子读书，带孩子到家里玩耍，更因为她怀有对教育、对学生、对生活和文学的爱。这就是教师情趣的作用。

从事"教师"这项工作的人，与其他行业的人一样，都默默无闻地在各自的园地里辛勤地耕耘着，同样是普通劳动者。

不同的是，教师的劳动，在表面事务性的忙碌中，蕴含着一种开发性的、创造性的目标，而且，在同样是面对人的时候，他们首先是面对人的心灵，而且是成长中的人的心灵。这样，就使教师形象有了与众不同的特点，即公众性、规范性与榜样性。

公众性，大多为政治家、演艺界人士所拥有。这些人在公众场合频频"出镜"，为公众所熟知。他们的一切，从职业活动到私人生活，都为熟知他们的千千万万群众所关注。教师的情况当然并非如此。但是，每一位教师在他工作的讲台上，长年累月地要面对数量虽小但相对固定的"公众"。他的讲台，就是他的"舞台"，他在众目睽睽之下进行着"表演"。这种"表演"将牵系着、感召着、烙印着多少幼小的心灵。从教师一生的累计来看，这批"公众"也不是个微不足道的数目。何况教师的形象，还为广大学生家长及一定的社区群众所熟悉与关注。从这点看，教师也是"公众形象"。既然是"公众形象"，就具有影响力。

教师形象的第二个特点是规范性。

教师是社会文化群体的一部分。文化人不论他从事的具体工作是什么，都承担着一定的教化责任，教师当然更是如此。

演员是经由他所充当的角色对观众施加影响；

作家是经由他所创作的艺术作品对读者施加影响；

新闻工作者是经由他所撰发的文稿对社会施加影响。

尽管他们的演艺、文笔、才华倾倒了众多的受众，但他们本人与受众在生活上却是疏离的。观剧时我们有时被剧情与演员的表演摆弄得如痴如醉，但对那些杰出演员其人，我们也许"一无所知"。同样，我们为一部小说或诗集感动得几乎全身战栗时，对作者的相貌生平可能也是一片茫然。

总之，别的文化人对其服务对象、对社会的影响是间接的、有媒介的，而且还存在着空间与时间的阻隔。因此，通常所说的"文人无行"以及关于其中个别人的所谓"绯闻"，虽然常常成为社会兴趣的"热点"，但由之造成的负面效应，并不会太严重，吸引眼球倒是真的。

而教师同他的学生之间，则是直接的、无媒介的、有固定空间与一定时间的密切接触，而且，有明确的教育者与受教育者的定性定位。因此，对于教师，从言到行，都不能没有严格的规范性要求。这个要求，概而言之，就是"师德"。

一位作家，一位演员，在私生活上的不检点，也许还能得到社会的宽容；一位教师如果逾越了社会的伦理规范，他的教育事业很可能就难以为继了。至少，社会的物议将会使他陷入极度的尴尬。

教师形象的第三个特点是榜样性。

无论怎样淡化教师职业的崇高意义，人类历史的思维定式与社会的需求企望，总会赋予教育事业以金色的光环。

教育家徐特立指出："教师是有两种人格的，一种是'经师'……一种是'人师'。人师就是教行为，就是怎样做人的问题，经师是教学问的……我们的教学是要采取人师和经师二者合一的，每个教科学知识的人，他就是一个模范人物，同时也是一个有学问的人。"[1]

苏联的苏霍姆林斯基说："请你记住，你不仅是自己学科的教员，而且是学生的教育者、生活的导师和道德的引路人。"

德国的第斯多惠认为："教师本人……是直观的最有教益的模范，是学生最活生生的模范。"

这几位知名教育家的认识不约而同。他们的言论其实反映了全社会对教育事业、对教师的厚望。

因此，教师与其他文化人显著不同的地方就在于，他本人就是知识与智慧的化身，没有知识魅力的教师，当然不是称职的教师；教师还应当是高尚道德与理想人生的化身，没有道德魅力（或叫"人格魅力"）的教师，本来就不应从事教育工作。正如罗曼·罗兰所说："要撒播阳光到别人心中，总得自己心里有。"

教师形象的榜样性，并非社会对教师要求的苛刻，应当理解为，这是社会对教师的破格尊重与殷切期望。从事教师职业的人，应引以为荣，也应因此而格外谨慎。

综上所述，当教师以他的公众、规范、榜样性质的形象出现时，这形象是全景性、全息性的，在讲台上宣讲时是如此，课外与学生交往闲谈时也是如此。在平日生活中，相识的人、不相识的人，对于教师，通常都会自然地肃然起敬，给予特别的信任。

看来纯粹属于个人兴趣与爱好的"审美情趣"，对于教师来说，就不仅仅属于个人。

"审美情趣"是审美范畴的现象，是人的感情活动。"情趣"只能自然流露，只能是不经意地外泄。知识的传授，可以预先"备课"；"情趣"的表达，是无法"备课"的。但它又确确实实、真真切切地从一个侧面显示了教师本人包括生活理想、道德情操、政治理念、学识修养以及美学趣味在内的综合素质，影响到他在他的一切教育教学工作领域的实际效果。

———————

[1] 孙培青. 教育名言集 [M]. 上海：上海教育出版社，1984：173.

特别值得注意的是，教师作为教育者，面对的是智窦初开的儿童，或者有待精神哺养与知识培育的青少年。他们正处在"人生初稿"的阶段。这份"初稿"如何着笔，终究写成何种样子，固然有家庭、社会等诸多因素的影响，但学校和教师是专门施加教养的环境与责任人，在这方面的作用无疑是最重要的。审美情趣是人格特征的重要组成部分之一，教师的审美情趣必然会在他所教育的学生身上发生影响，留下烙印。越是授课时间长、与学生联系广泛、威信高的教师，这种影响与烙印就越深刻与久远。所以说，教师的审美情趣，不仅仅是个人的兴趣与爱好，对于整个社会而言，它也是一项宝贵的人格资源。它会直接熏陶它所能够影响的那一代人，甚至几代人。而人格资源同知识资源一样，是全社会文明不可或缺的支柱。孔丘、孟轲、蔡元培、陶行知……这些古往今来的教育家楷模，不就是既以他们渊博的学识，也以他们高尚的人格化育着人群、完善着社会吗？

鉴于此，教师审美情趣不应视作教师个人的小节，而应从它是增益抑或损害教师形象，是有助抑或降低教育教学效果这样的高度来关注。而教师本人则应在提升与完善自身的审美情趣上做自觉的努力，任何轻视、漠视教师审美情趣的看法与做法，都是不利于我们教育事业的。

二、教师审美情趣具有独特的职业特点

审美情趣，是一种感性活动，它带有更多的随意性与个人性。人的性别、性格、气质、文化程度、生活环境、职业性质的种种差异，使审美情趣出现因人而异、奇彩纷呈的景观。

不过，由于共同的文化层次与职业惯性等诸种原因，教师的审美情趣仍有一些属于群体自身的特色。大体说来，有这样几个方面：文化意蕴、人本意识、艺术境界。

审美情趣总的取向是"美"，因而，它不存在好坏之分。但这不等于说，在这个范围内，就没有层次的高低和文野的等差。

审美情趣有一个"品位"的问题。

检验审美情趣品位高低的一个重要标准就是看其文化含量的密与疏、浓与淡、深与浅。

（一）教师的审美情趣中渗透深厚的文化意蕴

我是一个对文字有很大依赖的人。一顿饭吃得香不香，一场觉睡得稳不稳，一次等待是不是能演绎得从容娴静，全看身边有没有自己喜欢的、有趣味的文字陪。

于是除了借书、买书，还订了很多报刊。它们大多是从大学毕业那年启订的，无论其水准是蒸蒸日上还是江河日下，我都会每年11月把订刊的款项寄出去。喜新而不厌旧的结果是家里的刊物越来越多。

该来的冷静地来，该去的从容地不去。空闲时间并不因此发酵。最后自然应接不暇。

只好在柜子旁边给它们安排一个安静的角落，怀着养兵千日按兵不动的心思，打发他们先安安静静地等候一段时间。

它们就等在那里，同时一点点沾灰、变黄。等到柜子边上码上了老高的一叠，它们开始不太安分。我会在某一天突然发现它们不可久留，于是搬个凳子在它们边上坐下，凝视几秒钟，打开其中某一份。

这一打开，不得了，轻易别想脱身。

拜老天所赐，我的记忆坏得那么快，这真是我的福气。有些文章似曾相识，可是面目模糊，自然富有悬念，必须急急地看下去；有的文章完全不记得了，或许当时根本漏看了，怀着庆幸的心理，捧到眼前细细读来！

这么一大堆啊，再看一遍，哪里有这么多的时间呢？

于是找来纸板、裁纸刀。但凡翻到自己中意的话题、文风，哧哧哧，麻利地三下五除二，一张剪报就下来了。也有整版都不肯舍弃，哧啦，全留下。大半天过去，剪下好大好大的一堆。

教书是我的职业，关乎教育的资料我能不保留？动物世界是我最钟情的世界，《植物也有情绪》这篇我能不留下？我家的网络动不动梗阻，才知道世间有"蹭网卡"公然叫卖，关乎社会常识的自然都要留下来恶补。张爱玲是我既爱又恨的女子，关于她的资料我当然没法装作没看见。

但是脑子如此被毫无章法的马队毫无屏蔽地践踏，只会坏得更快，只会使需要重看的、需要"保留"的东西更多。年复一年，可怎么办啊？这可是信息时代呀。

这个念头让我沮丧：面对一堆报刊，扫出去是不甘心的，剪下来怕也很难发挥效用。我知道出路只剩下一条。让它们自顾自活在我分拨给它们的角落里吧。用不了多久，在某个我出远门的日子里，自然有人看不过去一只大扫帚扫了出去。回家的时候，我会第一眼发现我不忍、不能割爱的"爱"被"割"出去，我会做出恼怒的表情对家人说：你们怎么可以这样？它们是我用钱买回来的呀！但是说实话，我真有如释重负的快乐。只是每每经过报纸的"故居"的时候，还会忍不住瞟上一眼。好在要不了多少时间，长江后浪接前浪，它们的继承者会节奏分明地接踵前来，关于剪报的故事将再一次从头说起，循环往复，乐此不疲。生活因此多了一些惦记，似乎也因此多一些曲折生姿的回味。（《白云手记》）

订阅报刊，是大多数百姓日常生活中的平常内容。一个教师，喜欢阅读，喜欢在阅读中感受社会的脉搏、学术动态，正是教师审美情趣的来源和折射。

教师的主要作用是传道授业，但是不关注"吸收"，将传道不深、授业不精。"吸收"的主要途径就是阅读。对阅读的酷爱，应该是教师终身保留的"节目"。离开了书刊这个最基本、最重要的文化载体，便不可能掌握更多信息，已有的知识便不可能更新。所以，教师是须臾不可离开书的人。用苏霍姆林斯基的话说，就是教师"每一天都要用智力财富来丰富自己"。白岩松说："阅读，不仅有眼前，而且有诗和远方。"

教师的家里，没有藏书是不可思议的。在他们的书架上可能也有消遣性的书，但更多的是与学问有关的书，有利于开阔视野的书，有助于洞察人生深层的书。

现今，某些富人喜欢在他们华丽的厅堂里陈列出大量崭新的精装书，用来装潢门面，冒充风雅，炫耀自己在文化方面的同样"富有"。

教师却不是这样，他们的书橱也许并不洋洋大观，但那确实是一处知识的源泉、精神的宝库，是朝夕相处的良师益友。

教师读书，是与智者对话，一种心灵的对话，常常会由此产生会心的愉悦。"生活在书的世界中，意味着领略思维的美，享受文化财富，使自身变得更为高尚。"[1] 所以，读书同样具有消闲情味，具有特别的意趣，是一种高品位的审美享受。

"服饰"，是生活的又一个重要方面。

服饰的起源有多种说法，有如护体、遮羞等实用观点，也有趋同、趋异等的表现观点。最有见地的应是弗里克·吉尔在《衣服论》中说过的一段话："人与其他动物的本质区别不在于人穿衣服，其他动物不穿衣服，而在于人能脱掉衣服，其他动物则不能做到这一点。"[2] 他的意思是指人能通过自己的手选择衣服来满足自己的穿着。也就是说，"穿着"是表现人们自己心情的行为，是一种审美情趣。

由此看来，最物质化的服饰也具有丰富的精神性。人在服饰问题上反映出了最普遍的美学现象。

物品可以从包装上鉴别出品牌，人也可以从"包装"（服饰）上鉴别出品位。

服饰处于人的最表层。一个人的内在气质、文化底蕴与审美情趣，往往从服饰上就能一眼看出。

作为文化人的教师，在服饰的审美取向上，同样鲜明地表现出一定的文化意蕴——它的最基本的特征就是"淡雅端庄"。

教师要播种知识，也要播种美。所以，教师并不拒绝美，反而要更热心地去追求美。

规范、合体、明快、整洁而又不乏时代气息，这就是教师服饰美的合理

---

[1] ［苏］苏霍姆林斯基. 教育的艺术 ［M］. 长沙：湖南教育出版社，1987：179.

[2] ［日］板仓寿郎. 服饰美学 ［M］. 上海：上海人民出版社，1986：47.

尺度。

它是一种"铅华洗尽，端庄凝重"的美。

这种美，不同于社会上风行的新奇、另类的款式，也不同于在"拜金"思潮促动下那种显富的华丽做派。设想：当一位女教师颈系项链，腕戴手镯，穿着高开衩旗袍，珠光宝气地立在讲台上时，那将是怎样一副令人忍俊不禁的漫画？

只有"淡雅端庄"的色调，才能与教师那"书生本色"相和谐。

"规范"，体现出严谨、适度。领带夹不能置于接近领口的地方，更不能别在翻开的领子上，那样会给人以炫耀、轻浮、庸俗的印象；女教师的适当修饰无可非议，但一定是"淡妆"，切不可浓施艳抹。

"合体"，就是处理好服饰与人体的合理配置。所谓"量体裁衣"，窄小的衣服，过于暴露体形，体形并非健美者尤其忌穿健美衫裤，否则只会适得其反；肥大的衣服，又过于掩盖体形，人徒然降格成为衣服架子。

上班或出入公共场所，必须严装；下班家居，不妨闲装。

"明快"，可以显示睿智，给人以亲切感。

"整洁"，则映衬心底的明澈。

以上四点，是指教师服饰的稳定质素，这并不意味着一成不变地"守旧"。时代在前进，服饰的推陈出新是很正常的。"生活的河流产生出生活于其中的人们对事物感觉方法的变化"。[1] 在服饰上有所谓"流行周期"，"它是由生活在某一时代、某一地区的人们所具有的某种共同的情感及其表现而形成的"。①这种"流行现象"固然带有某些盲目性，但它的时代特征是无可否认的，我们没有理由漠视它，更不应鄙视它，我们要做的是从教师特殊的文化角度去提取其适合的成分，以表现新的时代气息。

教师的审美情趣也应该是一个多元而广阔的世界：

有人擅长于丹青翰墨；

有人沉醉于丝竹铜管；

---

[1]［日］板仓寿郎. 服饰美学［M］. 上海：上海人民出版社，1986：47.

有人寄意于诗词歌赋；

有人热衷于球场搏击；

有人向往于逍遥山水；

有人钟情于花木草鱼；

……

诸如此类，无非丰富生活，陶冶性情，裨益身心，濡染后生。它们无疑属于高层次、高质量的审美情趣。

总之，教师的整体外形，就应是令人心仪的一座完美的文化雕像。它留给学生的，将是一种永远值得景仰的记忆。

（二）教师审美情趣的根基是"人本意识"

今天，在斯普菲尔学校参观。

斯普菲尔，中文就是"春天的原野"。很诗意的名字，很美好、很有期盼的名字，也是很贴切的名字——一所在原野中的学校。

学校离市区很远，车程一小时。学校很年轻，2011 年创办。一切像刚醒待醒的样子。春天的确就是这样子。

学校很大，基本都是水泥钢管。看来看去像是工房，而且是临时工房。你想想，一个新学校，一所类似开发区发展点的大学校，地面是水泥地，水管是裸露管，墙是一块块大石头垒就，顶是铁皮板。乌鸦站在教室的屋顶一角千叮咛万嘱咐般地"啊——""啊——"叫。如果说这里是春天，还是泥土刚刚翻过来的早春。土地还是素面朝天。

但是，真的，草色遥看近却无，近看无草草已生。斯普菲尔学校的春意，是实实在在存在的。

走了很多教室，实验教学，研讨教学，主题教学。学生在游戏中学，在主题下学，在生命活力高度澎湃中学，在让性灵思维身体同步生长中学。坐在位子上的时候是有的，立在实验台边合作的时候更多，趴在地上观察测量的时候也并不鲜见。但是，这并不就是"业"余，七年级学生，在操作计算机的时候学习数学建模，音乐课上乐队演奏得有声有色，能说不专业？

关注生命本身，就是关注心灵的感受。在外国人的校园里游弋，我从来不羡慕他们的设施。即便在最发达的国家，教室里也常常没有空调。美轮美奂只能形容中国的校园。大理石，瓷砖，装潢到每一个毛孔，这往往只有中国才有。我的敬慕，是英国学校百年不变的课桌，是加拿大私立学校中静默的墓地，是日本学校的一尘不染，是澳大利亚这次观摩中，椰蓉加上学校广袤的草地、硕大的南瓜、学生自己搭建的鸡棚，是这所"春天的原野"中细致处报警器、探头、防滑垫一样不缺，粗放处铁皮瓦、水泥地、防护栏不上油漆。

这里的课程是东道主颇为得意的。但是，这实在是他们误会。在中国，任何一个大城市大学校的课程都几乎可以用应有尽有这个词来形容。女红、烹饪、机器人，我们一样不缺。他们应该自豪的，是他们有"人"。女红课上，他们的孩子笨手笨脚，但是他们不是为了作品展出，而是为了喜欢；音乐课上，他们的孩子自顾自作自己的曲，不在乎"效果"。这次在"春天的原野"的那顿中饭，是家政班的学生提供的，孩子们煞有其事，但是笨手笨脚，可他们的校长和教师开心无比。孩子们做了蛋糕给我们，糖太多，提供给大家的切块过大，但是他们的老师朝我们挤挤眼，轻声对我们说，这是他们的结业作品，大就大点吧——是否给客人最成功的作品并不重要，重要的是孩子，是孩子们的信心和感受。

面子不重要，"芯"才重要。（《白云手记》）

教师是世俗社会中的平凡一员，他的审美眼光必然来自于世俗生活，同时受世俗生活的影响。但是，教师的审美自应有他的特别之处：一座校园是不是美丽，一个课堂是不是有效，一种文化是不是令人钦佩，教师眼里有一个最基本、也最根本的标准，就是是不是适合孩子的成长。

教师由于职业目标与工作对象的原因，必然要更多地关注"人"。近代留学日本的中国女性单士厘在她的《癸卯旅行记》一书中发表了这样的议论："……要之，教育之意，乃是为本国培育国民……中国近亦论教育矣，但多从人才一边着想，而尚未注重国民……不过令多才多艺，大之备政府指使，小之为自谋生计,可叹!况无国民安得有人才?无国民且不成一社会!"[1] 好一慧眼女子,一语就触及教育之实质,教育之正途乃在于提高人的自身素质,优化人性。与这位单女士同时代的马克思,同样把"人"作为理论关注的中心,他说:"理论只要说服人,就能掌握群众;而理论只要彻底,就能说服人。所谓彻底,是抓住事物的根本。但人的根本就是人的本身。"这种对于"人的本身"的关注,马克思在论及教育时,也时时提到。目中有"人",人的优化,这就是马克思教育目的观的出发点,也是归宿。随着社会的进步,教育对"人"的关注,愈来愈加凸现,它明显成为一个划时代的标志:教育不再是为了某种目的生产"工具",而是为了人类的福祉生产优质的"人"。

教师的人本意识,着重表现在两个方面:

第一是独立的人格品质。作为教师,他首先要懂得并确认"人"(包括他自己在内)的价值和地位。"自重"应该是教师最基本的素质。有的人鄙视自己的职业,终日自怨自艾,想方设法跳槽,甚至将这种情绪在学生面前流露,这样怎么可能赢得学生的钦佩与尊敬呢?还有的人,见到上司,百般讨好、媚态可掬,这种贬损人格的行为,就更为学生所不齿和鄙弃。当代史学界学人、被誉为"教授的教授"的陈寅恪,一生倡言"自由之意志,独立之精神",即使晚年身受政治霸权与话语霸权的双重压力,他也依然"安居自守,乐其所乐,不降志,不辱身",成了中国文化劫难期一轮明丽的人格太阳与令人景仰的精神高峰。为师者,像陈寅恪这样的学养高度,怕是难以企及的,但是,他所具有的人格高度,则是能够而且应该达到的。不如此,我们的教育不唯无益,反而有害。在教育中,一切都应当以教育者的人格为基础,因为只有人格才能影响人格的发展和形成。教育是一个民族无形的,然而具有最大能量的精神源泉。设想,一个没有"人"的自觉,完全充斥着"工具意识"的民族,前途将会怎样?一个人既然可以成为本民族的"工具",当然也就同样可以成为异民族的"工具"——历史的教训够沉重的了!

第二是对人(主要是对学生)的平等与尊重态度。教师尊重学生,首先

---

[1] 苏叔河. 走向世界 [M]. 北京:中华书局,1985:476.

基于一种"人文关怀"。他所面对的学生，不管怎样丑陋、怎样幼稚、怎样弱小，都是一个雏形的"人"，一个未来的公民。他们中间，说不定日后走出哲人、将军、对世界具有深刻影响的人。另外，从教育科学的角度，我们不妨介绍一个属于教育家苏霍姆林斯基的"极简单而又极其复杂的教育秘诀"，这就是"只有教师关心学生的人的尊严感，才能使学生通过学习而受到教育。教育的核心，就其本质来说，就在于让儿童始终体验到自己的尊严感"[1]。因为"尊严感"是自强自信的前提和土壤。教师在这片土壤上耕耘的结果，不仅生长出一个个苗壮而有为的个体，而且，造就出一个坚强而有希望的民族群体来。

教师对学生持平等与尊重的态度，是出自深刻的哲学理念、先进的伦理秩序和正确的文化行为，而不是媚俗、赶时髦、听将令。非常时期，一位班主任带领学生下乡参加农业劳动。当这位教师快要走上一座桥时，在桥上休息的一批男生立即分列两侧。老师刚一上桥，学生中就有人模仿当时电影中的一个镜头，高呼："×司令到!"，于是，全体肃立致敬。这位教师此时满面笑容，摘下草帽，频频挥手，通过人群。随即，学生哄然大笑，蜂拥而上，和教师搂头抱颈，亲热非常。这件事，当时曾传为佳话，认为它充分表现了师生是"同一条战壕的战友"的革命关系。今天看来，这只不过是在畸形政治气候支配下出现的一种师生关系的荒诞与扭曲，反映出一种低级的庸俗趣味而已。

教师对学生持平等与尊重的态度，特别表现为一种"公正"，也就是说，"每一个学生都在教师的'注意圈'里"[2]。有少数人喜欢把兴趣集中在成绩好的、家庭背景强大的、聪明伶俐的、面孔漂亮的、衣着入时的学生身上，而使另一些学生受到冷落。比如，一个女生穿着一身新装来上学，几个教师就兴致勃勃地围上去，品头评足：这衣装如何如何入时，这色彩如何如何靓丽。当然，这位女孩会有受宠若惊的兴奋，但周围别的学生呢？教师的此种

---

[1] [苏]苏霍姆林斯基. 教育的艺术 [M]. 长沙：湖南教育出版社，1987：179.
[2] [苏]列·符·赞可夫. 和教师的谈话 [M]. 北京：教育科学出版社，1981：35.

情趣，造成的效果是可想而知的。

　　教师与其工作对象——学生的接触是多方面的，但"人本意识"无疑是其中影响最为深远的一项。

（三）教师审美情趣理应包含"艺术追求"

　　红房子过去是白房子，白房子的密码是253。按了密码开门，踏着木楼梯上去，再上去，一幅壁画，一套颇有法国风情的小居室。夜里睡不着，左等右等等到天亮，街上平和宁静，除了路灯和我，其他均睡意正好。

　　这应该是世界上最具风情的芦苇吧。把《蒹葭》中的蒹葭都比得俗了。

再轻飘飘的雪，也可以变成冰、变成石、变成玉、变成风骨。再坚劲的风骨，也可以变回玉、变回石、变成天上的云烟。谁知道谁是谁的前世今生？

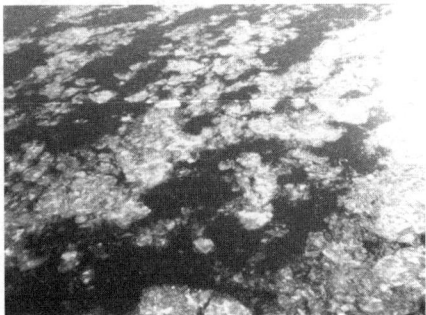

冰花如莲，缓缓流淌。让你的心不由得低到尘埃里去，却又从尘埃中缓缓绽放出喜悦的花儿来。（《白云手记·加拿大访学画说》）

2010 年冬天，加拿大的蒙特利尔冰天雪地。芦苇在雪地上摇曳，冰凌在悬崖上结成雕塑，冰花在流动的河水上安静绽放。这是自然的景观，也是心灵的景观。

教师的工作，无论是教育，还是教学，都应归属于艺术范畴。因为这些工作都得面对人，面对人的心灵。通往心灵的道路不可能是直线型的。简单、粗糙、千篇一律的操作程序，在这里只会造成精神交流的"短路"，别无好处。

负责任的、特别是优秀的教师，无一例外地拥有自身独特的探测心灵的方法以及有效传授知识的一整套精湛的艺术。

这样的工作方式，便形成了教师这种一切都追求艺术境界的审美情趣。它突出地表现在处理问题的态度上与语言表达的情味上。"艺术境界"，在这一点上，概括地说，就是"幽默感"。

幽默感，是一种恢宏的人气，是对人生、对生活的达观态度，是坚定强大的自信力，是充满着理性睿智的表现。具有幽默感的人，也一定具备十分健康明朗的心理。

曾有这样一个著名的例子：

德国大诗人歌德在公园散步，在一条仅能让一个人通行的小路上和一位批评家相遇了。

"我从来不给蠢货让路。"批评家说。

"我恰好相反！"歌德说完，笑着退到路边。[1]

歌德的幽默，轻易地宁息了这场看来无法调和的争端。歌德甘拜下风、主动谦让的姿态，因了那表面极为平淡的一句话，给锋芒毕露的对手以强有力的回击，而使自己立即变得稳居上乘，胜券在握。

这是不战而胜的智慧，

这是举重若轻的才力，

幽默感的分量也尽在其中了！

还有一件是发生在某学院的事。

这所学院有位洋教授，他为了考查中国学生掌握洋文的实际水准，便要求学生当堂写一篇短文，内容是议论校园内一事，褒贬皆可。最终为洋教授所评为"最佳"的文章，则是赞美学校食堂的那一篇。开始，众人很不服。食堂明明办得很糟，为什么偏要说假话，为什么这种说假话的东西，了解情况的老师还评之为"最佳"。于是，洋教授便逐段念出这篇文章：

"我们学校最美的地方，不是教室，不是操场，也不是校门口那个带喷水池的小花坛，而是食堂。瞧，玻璃干净得几乎叫你看不到它的存在……"

"如果你不小心在学校食堂跌了一跤，你会惊奇地发现你并没跌跤，因为你身上半点尘土也没留下；如果你长期在学校食堂里工作，恐怕你会把苍蝇是什么样子都忘了……"

"食堂天天的饭菜有多么精美、多么丰富、多么解馋！只有在学校食堂

---

[1] 王玮. 笑之纵横 [M]. 上海：上海社会科学出版社，1988：82.

里，你才会感到吃饭是一种地道的享受……"

　　终于，教室里爆发出大笑，大伙儿全服了。

　　幽默，就是这样从相反的路径通向目标地，而且，它是那样从容，那样貌似宽容大度，而骨子里却犀利无敌。

　　一个没有一点幽默感的教师，他所在的教室里空气是凝滞而沉闷的，听他讲课的学生是无精打采的，在教室外面，也没有多少学生愿意主动去接近他。这样的教师，教育教学效果会好到哪里去呢？诚如苏霍姆林斯基所言："假如在语言旁边没有艺术的话，无论什么样的道德训诫也不能够在年轻人的心灵里培育出这些良好的、高尚的情感来。"[1]

　　教师审美情趣的表露，当然不限于"幽默感"。

　　教师审美情趣就像一粒钻石，是可以多面发光的。

　　有的教师，虽然并非时时春风满面，话语怡人，甚至比较严肃板正，言谈谨慎。这类教师是否就缺乏情趣呢？也不见得。只要他是热爱真理的，他是有真才实学的，他是对学生认真负责的，就可以从他的讲课中、课余谈天中、生活交往中领略到一种文化的氤氲之气，一种浓浓的人生诗意，一种不断进取的理想力量。

　　以上三点所描述的教师审美情趣，是由教师的本人修养、职业定位以及工作方式所决定的。而这样的审美情趣，又必然在课内课外影响着他们的学生，使这种审美情趣经由濡染的方式延伸开去。教师审美情趣愈丰富、愈高尚，就愈有利于与学生融合，有利于从积极的方向影响学生。所以，教师审美情趣是教育的另一个渠道，而且是不应该忽视的一个重要渠道。

---

　　[1] ［苏］苏霍姆林斯基. 教育的艺术 [M]. 长沙：湖南教育出版社，1987：190.

三、教师审美情趣的教育功能

教育最基本的功能，无非是对人的性格的全面塑造与智力开发，因此，德育与智育，便历来成为人们关注教育的焦点，被认为是社会与人生希望之所系。

（一）教师的审美情趣关乎学生的情商发育

20 世纪 90 年代，美国学者相继展开了关于"情感智力"（即"情商"，英文简称"EQ"）为主题的研究和讨论。其最引起社会震惊与轰动的提法是"情商是决定人生成功与否的关键"。[1] 这不啻是教育理论上的一场全新的革命。其理论的科学性与权威性，虽然尚有待实践的检验，但作为一项新的理论出现以及其初步的实验成果，已引起世人的瞩目和极大兴趣。我们就这个题目，联系教师审美情趣问题谈一谈。

1."情商"研究的概况与基本观点

▲情感智力（即"情商"）一词首次出现在 1990 年，由美国哈佛大学的彼得·萨洛瓦里和新罕布什尔大学的约翰·梅耶两位心理学家提出，用来描述对成功至关重要的情感特征。简言之，就是良好的道德情操，是乐观幽默的品性，是面对并克服困难的勇气，是自我激励、持之以恒的韧性，是同情和关心他人的善良，是善于与人相处、把握自己和他人情感的能力等等。总之，它是人的情感和社会技能，是智力因素以外的一切内容。

▲1995 年，丹尼尔·戈尔曼撰写的《情感智力》一书畅销一时，几乎家喻户晓。当"情感智力"这个新兴概念登上《时代》杂志封面后，更成为街谈巷议的热门话题。克林顿竞选总统期间曾对记者说："我要把一本非常好的

---

[1] ［美］苏伦斯·沙皮罗. EQ 之门：如何培养高情商的孩子 [M]. 北京：经济日报出版社，1997.

书介绍给你们，它就是《情感智力》，太有意思了，我很喜欢。"

▲继《情感智力》之后，劳伦斯·沙皮罗的《EQ之门：如何培养高情商的孩子》一书又在全美引起新一波的轰动。它不仅使"情感智力"理论具有了实践的意义和根基，还提出了一个令人振奋的新观点："智商是天生的，情商却是靠后天培养的。"

▲社会的安定、物质生活的丰裕、人体健康状况的改善与教育提供的优越条件，使人们的智商有了明显的提升。据新西兰奥塔利大学的政治哲学教授詹姆斯·菲林研究，如今孩子的智商成绩高出上半世纪 20 个百分点。然而，就在一代比一代更聪明的同时，情感和社会技能却急剧下降。如以精神健康和社会学统计的标准来衡量情商，今天的孩子在许多方面比上一代要差得多。

▲现代生活节奏的快速，形成不断增加的压力，导致人们情绪低落、紧张和失眠。情商理论可以指导人们改变生物化学过程，使之更能适应生活，更能自控，更加快乐。

▲着重培养孩子情商的某一部分能力，便会产生滚雪球似的效果。你一旦开始了，事情就会越变越好。

2. 情商理论在生理机制上的依据

人的肌体，尤其是脑部，被称为内宇宙。它的奥秘与神奇，以及尚未被认识的领域，确实也并不亚于外宇宙。

情商理论与人脑机制有密切的关系。

最新科学成果揭示："大脑有大约 1000 亿个活动神经细胞。每个细胞又长出树状的分支以存储信息，每个细胞可长出多达 2 万个树枝状的树突。每个细胞就像一台高功率的电脑。每一细胞，通过沿着一根长长的轴突传送电化信息，与其他细胞相连。"[1] 其各种连接的总数也许比宇宙中的原子数还多。

---

[1]［新西兰］戈登·德莱顿，［美］珍妮特·沃斯. 学习与革命［M］. 上海：上海三联书店，1999：86—87.

大脑分成左右两半部，左脑主司语言、数学、逻辑；右脑主司空间、音乐、想象、视觉。这分离的两部分又由胼胝体这一含有 3 亿个活动神经细胞的交换系统相连接，并神速地交流信息。

大脑的边缘系统是大脑的情感部分，属于情感控制中心。这个控制中心与大脑中处理记忆存储的部分连接得很紧密。这就是为什么深深触动情感的事情记忆最为深切与牢固。

了解了这些之后，我们可以明确地察觉到以往教育教学中的盲区所在。

以往无论学校、家庭，还是社会，都过于看重理性的教育模式，忽略了情感教育，以致大脑长时期处于欠开发状态，白白地浪费了大量宝贵的资源。

情商的水准高低，涉及知识的获得、品格的养成、交际能力的强弱等等，无论对于个体，还是对于社会，都是至关宏旨的，应该给予高度的重视。

联系到教师工作，教育教学的天平历来是倾斜向品德培育与智力开发，情感方面则淡弱多了。忽视了情感教育，实际上也削弱了德育与智育。

高情商的人才，只能仰赖于高情商的培养者（在家庭主要是父母）。教育者不具有高情商，很难设想他能培养出高情商的学生。

而情商的培养，又与教师的审美情趣有着极为根本的关系。从情商理论的角度看，现代教育教学有一条因果链，即：教师的高情商→优质的审美情趣→完满深刻的教育教学效果。

3. 情商理论与教师审美情趣

教师审美情趣的根本意义在于给学生开辟一条情感通道，使方方面面的情感因素经由这个通道汇聚起来，积累起来，使之成为既是高智商，又是高情商的有用人才。

提高新一代的情商，当然不完全依靠教师的审美情趣，还有教育体制、教材内容、教学方式各方面的问题。

如果应试教育不切实地、迅速地向素质教育转移，严酷的考试制度会把所有的情感水分压挤殆尽，那还谈何"情商"？

如果教材内容不给情感教育留下一席之地，一切都是干巴巴的说教，连语文教材也是重思想、轻艺术，小说是图解生活，诗歌是空喊口号，文学居然不能让人激动，那还谈何"情商"？

如果教学方式依然是浇灌式、填鸭式、演讲式，学生的主动性无法启动，甚至遭到禁锢，学生的脑袋徒然成为容器，只接纳，不思考，那还谈何"情商"？

但是，在诸种因素之中，教师审美情趣应该被认为是重中之重。

即使在上述三方面的问题严重存在的过去，教师审美情趣在教育教学中，也仍然发挥了积极的作用。一大批优秀教师的成就中就不乏这方面的记录。

教师审美情趣的有无、高下、浓淡，反映在课堂气氛上、教学效果上，是大不一样的。

前面说过，情商联系着记忆，情感记忆是最有效的记忆，而且，对人的影响也最深刻。

有这样一位老教师，一辈子勤恳劳动、工作负责，真的做到了一丝不苟。有人问他是什么原因使他这样的，他并没有谈出什么辉煌的道理，只是说，这是从小就养成的习惯，而养成这习惯的契机竟是当年小学语文课本上读到的一则小故事。故事的大致情节是，一位老铁匠为一艘海轮锻造铁锚。他日日夜夜地锤呀打呀，一环一环都造得又粗又牢。别的铁匠早早地交了差，只有他仍在锤呀打呀，催促与嘲讽他全然不顾。若干年后，这艘海轮在深夜遭遇风暴，一根根铁锚抛下海去，都相继挣断。绝望了的人们抛下了最后一根铁锚——这根最粗、最结实的铁锚，于是，船，奇迹般地稳住了，全船的生命得以保全。而这根救命的铁锚正是那位可敬的铁匠在默默中一锤一锤打成的。

故事情节固然是动人的，而这位老教师谈起时，当年他的语文老师教这一课时的认真、动情的神采仍历历在目。如果没有教者的情感中介，这个故事不可能像一粒生命力强的种子，在这位老教师心中扎根、发芽，终至开放出美丽的精神之花。

"去以自己的火点燃旁人的火，
去以心发现心。"

这是当代诗人何其芳《生活是多么广阔》中的诗句。

用这两句诗来描述教师审美情趣的特点与功能，大概是比较贴切的。

教师审美情趣应该是纯真的，不能掺杂任何一点虚伪与做作。唯有真诚，方能唤醒真诚，方能获得真诚的回应；唯有真诚，方能潜入人的心底深处，种下思想和情感的种子。

有一位年长者向我们叙述他少年时代的一次英文课。课文是《The Little Match Girl》（《卖火柴的小女孩》），英文先生是位高大魁梧的篮球队员，阳刚之气十足。当他读出课题时，学生对他并没有太大的期待。但随着他流利悦耳的口语与情感投入的讲解，听众很快就走进了那个美丽的童话天地，一颗颗幼小的心都与那位不幸的女孩的心紧贴在一起，伴随着她的渴望而渴望，伴随着她的痛苦而痛苦，伴随着她的悲惨遭遇而颤抖着心灵。当清脆的下课铃声响起时，教室里依然沉静，往日在这时常有的骚动没有发生，教师也像什么都忘了似的，继续他的讲解。

这次英文课是两节连排，没有下课。

坐在门边的一位同学悄悄地走出去，很快端来一杯水，送到老师的讲桌上，又悄悄地回到座位。

故事快结束的时候，有的女生已经开始小声啜泣了。

下课了，大家怀着深深的敬意，目送老师离去。

后来，凡是被叫起来背诵的学生，几乎都能准确而流畅地背诵出这篇长长的课文。

这位年长者还告诉我们，这篇课文，他牢记了一辈子。每当面对弱者、贫穷者、遭受不幸者，他就想起这篇课文，他就会以一颗温柔的心去对待他们。

教师的审美情趣，就是需要这样的真诚。有了这样的真诚，什么程式，什么技巧，都会黯然失色的。

可见，注重情商的培养，对于塑造性格与开发智力，是多么重要的事。

情商的培养，除了要求教师的情感注入之外，还要给学生以表达情感的机会。理解别人的情感与表达自己的情感，是现代社会人际交往的重要通道之一。教师在课堂内外，都要积极发动学生交流感情的活动。一个长期处于情感封锁状态下的孩子，很有可能成长为"感情哑巴"。

情商的培养，还要特别注意让学生掌握超语言交流的技能。据心理学家的研究，人们"在面对面交流中，55％的情感内容是由非语言的暗示表达的，比如面部表情、姿势、体态等，38％的内容由语调表达，只有7％的内容是用语言说出的"。[1] 所以，教师的审美情趣，也应尽量凭借"非语言的暗示"来表达。激情充沛的教师在课堂上的一笑、一颦、一挥手、一投足，都会作为一种感情符号深深印入欣赏者心间。他讲授时的语音、语调、节奏、速度，就像一只无形的指挥棒，掀动着学生感情的潮汐。优秀语文教师的朗读过程，就是给人以审美享受的过程。听者会随之时而会心微笑，时而潸然泪下，时而义愤填膺，时而振奋欲飞……教师的魔力会把学生的感情世界搅得五光十色。更有甚者，连讲解、朗读过程中必要的停顿也具有表情的作用。丹钦科说得好："我们要用属于生活本身的那种最深沉的停顿，要用停顿来表现一种刚刚经历过的纷扰的结束，来表现一个正在来临的情绪的爆发，或者，来暗示一种具有紧张力量的静默。"[2]

总之，教师审美情趣在培养新一代"情商"方面的作用是无可替代的。为了使新的一代更聪明，更能适应社会的发展前进，教师应在提升自身的审美情趣上多做努力。

（二）教师审美情趣关乎学生的人格塑造

有一次到一所大学给硕士生上课。我热气腾腾地跑进教室，发现学生大多是木然的表情。开讲十几分钟之后，他们的表情才开始回暖。

有一次到一个小学去讲课，路过教学楼一楼走廊，一群学生在医务室门口等候体检。全是四年级的男孩儿，一个个垂手而立，表情淡远。四年级的小男生，不正是折腾吵闹、走到哪里哪里人仰马翻的小家伙们吗？

---

[1] ［美］劳伦斯·沙皮罗. EQ之门，如何培养高情商的孩子［M］. 北京：经济日报出版社，1997：263.

[2] 丹钦科. 文艺·戏剧·生活［M］. 北京：中国戏剧出版社，1982：142.

到某个大城市参加研讨会，一个在当地声名显要的幼儿园进行教学展示，课堂上小朋友个个神情肃穆、背手而坐，该举手举手，该鼓掌鼓掌，"人"已经"格式化"。

据说，人类与其他动物的主要区别之一，就是人类富有表情和情意。但凡是社会中的一个人，总会有喜怒哀乐，怎么会没有情意表现呢？

可是，现在的学生常常没有表情。年级越高越没有表情，越是在教室里越没有表情。在一起坐几个星期彼此之间也难以相互给个笑脸。生动活泼是孩子的天性，孩子的表情哪里去了？

很久以前，黄土高原是河洛文化、中原文化发育的肥美之地，那时候，森林茂密、绿草遍野。现在的黄土高原，有些地方黄土壁立千仞，可是毫无表情、寸草不生，一副无动于衷的表情。过度用力的结果，就是不毛之地。

爱因斯坦说：教师是排除知识之后剩下的东西。当教育的眼里只有"知识"，当我们的课堂总是"专制"，当我们让小小少年在一间间教室里转战难见天日，当我们的教学的方式总是以"符号交互"，而不是"表情交流""场境沟通"的方式进行——孩子们的"表情"自然失去了……（《白云手记》）

无论小学生还是大学生，都是早上初升的太阳，理应在美好的时光中绽放灿烂。但严峻的现实是：本该朝气蓬勃的青少年，常常显示出与年龄不符的暮气。这与教育、教师的缺少情趣不无关系。

现代教育学派及其观点形形色色，但有两点是共同的，也是最重要的。

第一，教育不仅仅是"传道，授业，解惑"，不仅仅是使受教育的个体成为"知识的人"，教育的根本任务在于，从个体和社会的统一中来把握人的身心的全面发展和心智（知、意、情）的全面发展，通过教育手段逐渐地促成学生内在结构（认知结构、道德结构、审美结构）的不断变化并趋向尽可能地完善。这也就是马克思所多次提到的教育要"造就全面发展的人"或"生产完整的人"。

第二，在教育的全过程中，教育对象应处于中心位置。学生不应是驯兽场上的动物，消极地接受训练。照美国著名教育家杜威的说法应"把学校作为社会生活的一种形式"，学生正是这个特别"社会"的主人。他甚至说："教育是生活的过程，而不是将来生活的预备。"[1]这样，学生从踏进学校大门的那一天起，他也就走进了"生活"。因此，把学生视为被灌输道理、知识的容器，或一堆按照图纸设计生产的产品原料的那类观念，是有悖于现代观念的。

从上述两点审视我们今天的教育现状，实在不能让人乐观。

多年来，我们的教育天平总是在智育与德育这两端频频起落，而且总是那样走极端，又不得其法。而美育，不是被指斥为资产阶级、修正主义的东西，就是打打擦边球。如今，算是提出了"素质教育"的口号，但是在大多数学校里，我们看到的，也只不过就是在课内课外给音乐美术教育加了码。

在教育方式上，多年沿袭的"先生讲学生听"状况，并没有太大的改观。议论已久的、期盼殷切的那种在教学实践中逐步确立和发展学生在学习过程中的主体地位，塑造和建构学习主体的事实，我们能看到的还是为数太少。

固然，彻底有效地解决这两大问题，要靠"教育评估"这个有力的杠杆。但在现今这个杠杆尚无暇或无力顾及它们时，我们则把希望寄托在教师这方面。

让学生在学习过程中站起来，能动地对待求知活动，让学生的审美结构得到有益的调整、丰富与健全，教师的作用不可小视。可以毫不夸张地说，学生的素质取决于教师的素质。而教师的素质，又在很大程度上从他的审美情趣中得到整体性地展现。

这里着重谈谈教师审美情趣在教育中的作用。

第一，教育不是灌输与填充，而是渗透与濡染，这早已成为人们的共识。让学生接受思想或知识，首先是他们必须达到"教育性水平"或苏霍姆林斯基所说的"可教育性水平"，否则，一切都将是徒劳，或劳而少功。而创造这种"可教育性"，依靠教师的灰色无味的讲解无济于事，依靠叫喊、威吓、惩罚、召唤家长也无能为力。有效的办法是发展学生的情感和良心，唤醒他们

---

[1]　赵祥麟，王承绪.杜威教育论著选[M].上海：华东师范大学出版社，1981：40，12.

发自内心的文化要求和精神需要。

教语文一定要让学生领略到每一个无生命的字词的美；

教数学一定要让学生将"黄金分割"与几何图形在生活中找到其对应；

教音乐一定要让学生闭上眼睛就能从那乐音中捕捉到优美的画面；

教美术一定要让学生从画幅上、服饰上、环境布置上去实现美；

教历史一定要让学生从表面客观的史实叙述中聆听到历史的回声、正义的判决；

教物理化学一定要让学生了解到自然世界的辽阔、纷彩和神奇；

……

这样的渗透濡染、潜移默化，不仅使学生达到了"可教育性水平"，而且能够收到教育的效果，还培养了他们主动接受教育的积极性，即"兴趣"。

没有教师的审美情趣，教室气氛只能是"三味书屋"般的一潭死水。

第二，教育环境应使人感到充分的愉悦与自由，但现实状况恰与此背道而驰。表面上看，学校环境优雅，设施文明，处处弥漫着愉悦与自由的气息；而实质上，则潜藏着一种隐性暴力：这就是"分数""考试"等等构建起来的强制管理机制。这是你所不能抗拒的，否则，升学以至一生的前途就将断送。学生坐在教室里，不论愿意还是不愿意，高兴还是不高兴，都得安静地坐着。美国教育学者威廉·格拉瑟曾对"全美最出色的高等中学"派出的尖子生代表做过估测调查。结果是，这些最优秀的学生中在课堂上认真学习的人数只占 20％～45％，也就是说，连一半都不到。他据此推论，在优等学校，实际数值接近 25％，而在一般学校还达不到 5％。特别使他以及同时在场的人们震惊的是，一位从上幼儿园到高中一直是优等生，分数总是 A，很少得 B，C 根本没有的学生，竟坦率地说："我要告诉你们，没有一堂学校的课我尽了自己最大的努力。"当问及"如果在课堂上你没有做到最好，在学校的什么地方你达到极致呢"，其回答又令人震惊："在篮球队。"

这位学者的理论核心是一切遵循选择规律。按选择规律办事，就能达到最高的效率，几能成功。于是他强调必须从强制教育迅速转到有效教育上来。

有效教育凭借的就是愉悦与自由，首先是选择的自由。学生上课是充满喜悦的。像爱好球类的孩子，尽管再辛苦，他也兴致勃勃。

威廉·格拉瑟还回忆说："我在八年级时背诵了林肯第二次就职演说的最后一段，它简直太美了！几乎60年后我仍记忆犹新。"

这启示我们，真正的教育成果来自有效教育，而有效教育来自学习者的美的体验，而这种美的体验只可能由教师审美情趣赋予。

近年来有人提倡并实验快乐教育，或名曰幸福教育，试图从学习环境的设置、教育手段的调整上去营造愉悦与自由的教育氛围，这当然是值得赞同的努力。不过，我们认为，真正的愉悦与自由的教育氛围，首先应来自教师——这个教授主体的审美情趣。美是自由的象征，美本身就是一种使人愉悦的存在。教师审美情趣所酝酿的那种愉悦与自由的空气，是任何外部设施与教育手段所无法替代的。

优秀教师走进教室，登上讲台的第一句话，往往就是第一阵春风，立即会引起满座学子心灵的快意，唤起他们求知的欲望。整个教学过程如同在这种春风中沐浴，那四五十分钟快得让人感到遗憾。在这样的环境中学习，不再是受苦，而是一种精神享受。

第三，教师良好的审美情趣，是他进取人生的体现，是他高尚理想的闪光。教师的工作，不同于长官身边的秘书；教师的讲台，有更大的自由度与创造空间。教师在讲授他的专科知识时，并非不能联系自己的生活与思想。但情趣的内涵所生成的教育影响是至关重要的。曾经在一个场合，听到一位年轻人郑重其事地宣称他从他的老师那里得到的生活箴言："今天的跪着活，是为了明天的站着生。"好一个响亮的口号！为了赢得日后的出人头地，不惜今日卑身做奴。只求目的，不计手段，不顾人格，这真是太可怕了！听到这番宏论的，绝非仅此一人，影响所及，也绝非仅此一人。一个教师的情趣取向，该是何等举足轻重！从这个反面例证来正面评估教师的审美情趣，它的分量就清清楚楚了。苏霍姆林斯基认为："一个人从童年起就应当从理想的角度来观察世界，以便使自己的一生成为攀登理想境界的高峰的征程。思想——它并不是背得烂熟，有条件便可脱口而出的原理。思想——这是心灵为真理、原则和美而承受的痛苦。"[1] 教师良好的审美情趣，是随同他的知识讲授渗入学生心灵的增强剂，是一种鲜活的直观的生活榜样，它将引导学生养成积极向上而又高尚纯正的人生态度。

第四，教师良好的审美情趣的重要标志之一，就是健康的心理与乐观的情绪。如前所述，它集中表现为一种"幽默感"。幽默感有嘲讽的效果，又不同于嘲讽。嘲讽是一种激进的、愤嫉的、沉重的情绪，而幽默则是淡然的、喜剧性的、轻松的情绪。幽默的"轻松"是一种"不能承受之轻"。它可能营造出宽松欢快的气氛，但这气氛中又充满睿智的锋芒。

有幽默感的人，他的内心是充实的、强大的，他的灵魂是挺立的，他的头脑是满贮智慧的。他的言语可以使你发笑，但又不是一笑了之。在笑声中，你会得到启迪，你会受益，有时候，你的人生竟因之而前进了一步。

1971 年，陈毅已濒临癌症晚期，住在医院里，身上接着许多输氧管、输液管、引流管。当时外交部部长乔冠华出席联合国大会归来，专程去探视他。当他眼见这位刚勇的英雄元帅如此模样，不禁黯然了。

然而，陈毅却笑着对他说："你看，我已经管道化了。"

外表已经十分虚弱，离死神只有一步之遥的陈毅，他的精神依然昂然高大，笑语中展现出他永远不死的伟大人格。这种人格是宝贵的精神资源，它丰富了自己，也丰富了别人。

一天夜间 10 点钟，两位教师一同巡视校园，发现一个教室里仍亮着灯。走去一看，是十几个学生还在兴高采烈地聊天。

一位教师先说："就寝时间早过了，你们赶快回去睡觉。"没人买他的账。

另一位教师笑着说："睡觉吧，哲人说过，学生的睡眠时间……一定要规定九小时。"学生听了，立即高兴地笑着回寝室去了。

为什么效果会迥然不同呢？

很明显，前者纯粹是命令，是以规章制度压人。学生本来处于叛逆阶段，所以不愿加以理会。后者不同，看来似乎也是在用"哲人名言"压人，但其

---

[1] 苏霍姆林斯基. 教育的艺术 [M]. 长沙：湖南教育出版社，1987：25.

中有关怀，有爱意，有情味，又有机巧，所以，学生心悦诚服。

经常在这种审美情趣的濡染之下，学生健康乐观的心理品质当然会有效地形成和发展。

第五，仅从审美的角度而言，教师良好的审美情趣，就是长年累月地在给学生上着生动直观的美学课，养成他们的审美眼光。

但实际情况却令人失望。连最富艺术情味的语文课也患了严重的失血症，被弄得苍白无趣。1997年第11期的《北京文学》，在"世纪观察"栏目中发表了三篇涉及中学语文教学的文章，表示了对语文教育的忡忡忧思。同年11月29日《文艺报》"周末版"予以转载，并加了个长长的令人警醒的标题——"学生的桎梏、语文的扭曲、文学的悲哀"，这是足以振聋发聩的一声棒喝！

延续了几十年的教学模式，早已僵化、凝固。似乎语文就一定非这样教：背景、作者、段落大意、重要词语句段的解析、思想意义、艺术特点、主题，总要面面俱到，要不就不是完整的课。以致那些令人百诵不厌、千古不替的艺术名篇，在语文课堂上，如同一具美女的尸体横陈于解剖台上。只见教师仔细地肢解着，认真地讲解着这个部位的特点与功能，那个部位的特点与功能。至于这位美女原先那种窈窕与妩媚的完形，则消逝得无影无踪，更遑论什么"巧笑倩兮，美目盼兮"。为了课的"完整"，宁愿牺牲艺术的完整，文学的魅力已被科学的"缜密与严谨"毁坏殆尽了。这就使理应意趣盎然的语文课，反而遭到学生的厌弃。这不该是教材的问题，应该从教者的审美情趣上去找原因。

语文课、艺术课都应该是以情动人的，情动才能意得。所以，教师的审美情趣在教育教学过程中，不仅能够提升学生的美学修养，也同时提升了他们的人格标尺。

语文课、艺术课如此，其他课程怎样呢？

表面看似客观叙述史实的历史课，其中演绎着多少有血有肉的动人故事：干戈铿锵，血肉横飞的战争、骨肉阋墙，烛影摇红的宫廷政斗、忠义不屈，光照汗青的爱国志士、生死置外，为民请命的民族脊梁……

表面看似客观介绍人类环境的地理课，其中标揭着多少让人心醉的记载：丰裕富饶的人类家园、鬼斧神工的壮丽山峦、如诗如画的秀美水域、说不尽的历史伟人的足迹与瑰丽迷人的神话传说……

教师的审美情趣犹如钻井塔，它可以从各种学科中提取源源不绝的感情资源和人格资源——

艺术的理想形象可以使人更加"人化"；

历史伟人的正义呐喊可以疗治现实中的失语症；

如画江山的永恒魅力可以矫正世人中的自卑感；

……

总之，教师的审美情趣，看似仅仅属于个人，实则是属于教育的。虽然它总是不经意地流露而出，但它却具有"无目的的合目的性"，它要产生影响，而且如上所分析的，是很重大的影响。

四、教师的审美情趣能够提升教学成效

贝蒂·艾德华在洛杉矶的维尼高中当美术老师时，主要教学生画素描。经过一段时间的教学之后，她发现许多学生在绘画上根本不得要领，他们觉得画自己眼前的事物十分困难。后来她让学生倒过来画一幅毕加索的画，却发现学生们的习作比往常要成功得多。问其中的原因，学生们却说自己倒着画时不知道在画什么。正是这个"不知道在画什么"，使学生们画出了比以前"知道在画什么"时更成功的画。1968年，她读了后来获得了诺贝尔医学奖的罗杰·W·斯贝瑞关于人类大脑功能的研究报告，明白了学生在画画时根本就没有用具有形象思维功能的右脑，而是习惯性地在使用具有逻辑思维功能的左脑。所以当他们面对对象时，总在想自己画的"是什么"。当她让学生们倒着画毕加索的画时，学生们"不知道在画什么"了，所以逻辑思维就失去了推理的优势，他们就不得不用右脑来进行形象思维，所以画出来的作品反而更好一些。在此基础上，她不断探索、总结，于1979年出版了《像艺术家

一样思考》，该书被翻译成了 13 种语言在全世界销售。[1]

教学，既是科学，又是艺术。或者说，它是科学与艺术的浑然融汇。

说它是科学，是因为它的施行过程有着严格与严密的逻辑化制导。在目标要求、施教对象、学科性质等方面，都得遵循其固有的客观规律而不得违背。

说它是艺术，是因为在达到同一目的的前提下，所采取的手段可以而且应该多元化，可以而且应该时时创新。更重要的是，好的教学总会伴随着某种"情趣"，在逻辑性的讲解过程中，往往会有一种"情感伴音"悠然放送。古人所说的"如坐春风"，指的正是这种境界。要使教学达到此种艺术层面，教师的审美情趣是重要因素之一。

（一）教师审美情趣有利于营造轻松愉快的教学氛围

求知本来是一项费力的精神劳动，有所谓"苦读"（恩格斯把钻研理论形象地称为"啃酸果"）。有人靠外力的督励，有人靠理性的内驱力，才能使这项劳动持续下去。古代有悬梁刺股的故事，就是一个突出的例证。

但如果在教学过程中，开启了感情的闸门，让枯涩的思想、学理化为清凉的甘泉，汩汩流入学子的心田，那么，求知的沉重与艰苦庶可消解，一变而为轻松愉快的享受。

《论语》有一段孔子施教的实录：

子路、曾皙、冉有、公西华侍坐。

子曰："以吾一日长乎尔，毋吾以也。居则曰：'不吾知也！'如或知尔，则何以哉？"

子路率尔而对曰："千乘之国，摄乎大国之间，加之以师旅，因之以饥馑；由也为之，比及三年，可使有勇，且知方也。"

夫子哂之。

---

[1] 范玉吉.审美趣味的变迁 [M].北京：北京大学出版社，2006：224.

"求！尔何如？"

对曰："方六七十，如五六十，求也为之，比及三年，可使足民。如其礼乐，以俟君子。"

"赤！尔何如？"

对曰："非曰能之，愿学焉。宗庙之事，如会同，端章甫，愿为小相焉。"

"点！尔何如？"

鼓瑟希，铿尔，舍瑟而作，对曰："异乎三子者之撰。"

子曰："何伤乎？亦各言其志也。"

曰："莫春者，春服既成，冠者五六人，童子六七人，浴乎沂，风乎舞雩，咏而归。"

夫子喟然叹曰："吾与点也！"

三子者出，曾皙后。曾皙曰："夫三子者之言何如？"

子曰："亦各言其志也已矣。"

曰："夫子何哂由也？"

曰："为国之礼，其言不让，是故哂之。"

"唯求则非邦也与？"

"安见方六七十如五六十而非邦也者？"

"唯赤则非邦也与？"

"宗庙会同，非诸侯而何？赤也为之小，孰能为之大？"

［译文］

子路、曾皙、冉有、公西华四个人陪着孔子坐着。

孔子说道："因为我比你们年纪都大（老了），没有人用我了。你们平日说：'人家不了解我呀！'假若有人了解你们（打算请你们出去），那你们怎么办呢？"

子路不假思索地答道："一千辆兵车的国家，局促地处于几个大国的中间，外面有军队侵犯它，国内又加以灾荒，我去治理，等到三年光景，可以使人人有勇气，而且懂得大道理。"孔子微微一笑。

又问："冉求，你怎么样？"

答道："国土纵横各六七十里或者五六十里的小国家，我去治理，等到三年光景，可以使人人富足。至于修明礼乐，那只有等待贤人君子了。"

又问："公西赤，你怎么样？"

答道："不是说我已经很有本领了，我愿意这样学习。祭祀的工作或者同外国盟会，我愿意穿着礼服，戴着礼帽，做一个小司仪者。"

又问："曾点，你怎么样？"

他弹瑟正近尾声，铿的一声把瑟放下，站了起来答道："我的志向和他们三位所讲的不同。"

孔子道："那有什么妨碍呢？正是要各人说出自己的志向！"

曾晳便道："暮春三月，春天衣服都穿定了，我陪同五六位成年人，六七个小孩，在沂水旁边洗洗澡，在舞雩台上吹吹风，一路唱歌，一路走回来。"

孔子长叹一声道："我同意曾点的主张呀！"

子路、冉有、公西华三人都出来了，曾晳后走。曾晳问道："那三位同学的话怎样？"

孔子道："也不过各人说说自己的志向罢了。"

曾晳又道："您为什么笑仲由呢？"

孔子道："治理国家应该讲求礼让，可是他的话却一点也不谦虚，所以笑笑他。"

"难道冉求所讲的就不是国家吗？"

孔子道："怎样见得纵横各六七十里或者五六十里的土地就不够是一个国家呢？"

"公西赤所讲的不是国家吗？"

孔子道："有宗庙，有国际的盟会，不是国家是什么？（我笑仲由不是说他不能治理国家，关键不在是不是国家，而是笑他说话的内容和态度不够谦虚。譬如公西赤，他是个十分懂得礼仪的人，但他只说愿意学着做一个小司仪者。）如果他只做一小司仪者，又有谁来做大司仪者呢？"[1]

---

［1］　杨伯峻. 论语译注［M］. 北京：中华书局，1982：119—121.

这段文字使我们得以旁观两千多年前的这位大教育家施教的精彩场面。

他充分地发扬了以学生为主体的平等（或"民主"）施教原则。学生各述其志，独立而不附和，极有个性特色。

他也充分地发挥了教师的主导作用。先由教师提出一个关键性问题，加以启发，引导学生按既定方向——畅所欲言。教师则认真倾听，表现了对学生的尊重态度。但作为教师，对学生发表的意见，臧否仍是分明的。如"夫子哂之""夫子喟然叹曰：'吾与点也！'"此类言说的或不言说的表态，实际上是一种"点拨"。

这是一堂严肃的探讨人生价值与治世方略的课例，但进行得竟如此宽松轻快。

这里既不乏教师的引导，又有发言者之间的相互启迪；这里，虽然没有高头讲章，却有自由独立的思考；这里，伴随着理性探索的，还有和谐愉悦的感情温泉。如夫子的一哂和"喟然"，如曾皙的那段极富诗情的发言，等等。

这节以现代观点看来也应承认为极其成功的典范课例，其中教师良好的审美情趣应该是起了重要导向作用的。

（二）教师审美情趣有利于激发学习兴趣与创造性思考

从信息论的观点来看，一切知识都是"信息"。教师，从某种意义上说，也就是"信息"的传达者。信息的重要属性是其客观性。客观性是信息的第一性，它是自然与社会的客观产物。教科书上所提供的信息，当然不是这种第一性信息，它属于第二性信息，即人们对待事实的态度以及对事实所做的解释。简要地说，就是被解释与被说明的信息。

现在的问题在于教师如何对待教科书所提供的"信息"：是照本宣科，还是努力发掘，将这些信息转化为新质？是以"零度风格"去做冷处理，还是以自己的思考与激情，给听者以鲜活的感受并推动听众一起去思考、去激动？苏联诗人马尔丁诺夫常常"把自己的探索、思考、疑虑袒露在读者面前，请他们同自己一起共思考、共欢乐或共悲伤。相互信任与相互理解便由此而产生。"教师对"信息"的传达，大概也应该是这样。

教师在课堂表现出来的教学激情，其实就是教师审美情趣自然流泻的主渠道。

审美情趣闭塞或萎缩的教师的教学，就如 W·詹姆士所批评的那样："只是纯粹知识的性质，它是惨淡、无色的心态，缺乏情绪应有的温热！"[1] 这样的教学，谈不上有什么积极的效果。

教学激情犹如火种，缺少了它，就无法燃起课堂上浓密绚烂的求知渴望、思考状态、盎然兴味的光焰。

教学激情绝不是浮泛的、做作的虚情假意。相反，教学激情有赖于教师整个人格结构、知识结构、审美理想的全员参与，缺一即无法完成。

例如教学 19 世纪浪漫派钢琴技术的"法典"——波兰杰出作曲家肖邦的名作《C 小调革命练习曲》，如果没有对乐曲作者意图，时代背景，作品的曲式、体裁、风格，主题的变化，发展的理解以及对全曲音乐形象的准确把握，那么，面对那时而强劲、时而沉缓的乐音，就会一片茫然，或者只能做轮廓性的介绍；如果自身缺乏强烈的爱国热情，也不可能由之引起共鸣，也就不会有那种同样激昂、刚毅、缠绵、悲愤的情感历程；如果其审美理想、审美情趣与作品有距离，必然也难以引导学生进入那种如痴如醉、如梦如幻、物我两忘的审美境界。

课堂上由教师审美情趣形成的教学激情，同真理的理性精神及哲学的严谨风格并不抵牾，它是后者的补充和润滑。

"情趣"，给求知过程以愉悦感；

"情趣"，借助"无意注意"，让知识牢固地在记忆中留存；

"情趣"，不像纯理性阐释那样明晰而确定，它带有一定的模糊性，但也正因为如此，它留给了学生更大的想象与思考的空间，它提供给学生更多的顿悟与创造的机会。

---

[1]　曹日昌. 普通心理学 [M]. 北京：人民教育出版社，1980：53.

本书第一部分"剪辑来的场景"中的"场景11"，在下课前十分钟，教师灵机一动，针对阴天停电所造成的阴暗抑郁的环境与心情，让同学们"用一句话表达自己的感觉"。这个提议既可缓解课堂的沉闷气氛，又是学习性、思考性活动。教师"暗无天日"这个"不当"的用词就饶有情趣。果然，课堂活跃起来，学生七嘴八舌，妙语连珠。十分钟的解颐行动，收获不菲。教师说，这十分钟是金。实际上，也可以说，在教学中，教师良好的审美情趣是"金"。

有必要说明，教师审美情趣所酿造的课堂轻松愉快的氛围，一定要具有正确导向和增进学习兴趣的功效。否则，为轻松而轻松，为制造笑料而玩噱头，就毫无意义，甚至产生负面效果。

曾经"听"到这样一节课：上课铃响过不久，教室里就一阵接一阵地爆发出哄堂大笑。这放肆的笑声几乎持续了整整一节课。如果不是在上课期间，或许以为学生们正在电视机前观看什么相声节目。

引发笑声，营造课堂快乐轻松气氛并不难。街头巷尾的闻见、茶余饭后的谈资、报章杂志的补白，均可成为笑声的"引信"。但是，笑过之后怎样呢？

成功的教学当然应该给人一种愉悦之感。但是，这愉悦应来自教师所传达的知识信息之真与新；应来自教师所运用的那种或严谨或幽默的智慧语言；应来自教师激情的火种所点起的情感燃烧；应来自学生因之而茅塞顿开的那种突然领悟，总之，伴随愉悦的是一种结结实实的充实感——学识的充实，人格的充实。

课堂上的愉悦是一种深层的心灵反应，它的外化状态更多的应是神情上的默契与会意，也就是苏霍姆林斯基所说的"心灵的敏感"，那种"对教育者的语言细微色彩、目光、手势、微笑、思索和缄默的微妙感受"，[1] 它是人与人之间，在高层次上，借助认识相通、情感共鸣作为媒介而形成的和谐与超越的境界。其结果是理性的升腾与情感的升华，这就是教育，这也才是

---

[1]　摘自 2001 年 2 月 23 日《扬子晚报》。

教育。

所以说，教师审美情趣的高低文野，对于教学效果的好坏有着重要的意义，它将决定教学的向度、深度与广度。

（三）教师审美情趣有利于化非审美因素为审美因素，加强教学效果

教学行为是一种有着严格规范的科学性行为，各科教材也都是遵循认知规律，主要从认知的角度考虑编定的（包括音乐、美术、语文中的文学部分）。绝大多数教材均由非审美因素构成，充满灰色的理性，这当然同正处于青春激情阶段的学生（特别是中小学生）的天性有距离。

缩短以至消除这个距离，只能寄望于教师的审美情趣。

优秀教师总能借助审美情趣，将教材与课堂的灰色气氛转化为明丽欢快的色彩。

爱因斯坦创立了举世闻名的"相对论"。这一理论，揭示了空间—时间的辩证统一，加深了人们对物质与运动的认识。它的博大精深，它的体系严密，不言而喻。这种理论不是一般人有能力把握的。可是，爱因斯坦却以一种风趣的口吻对此做了解说："你坐在一个漂亮姑娘旁边，坐了两个小时，觉得只过了一分钟；如果你挨着一个火炉，只坐了一分钟，却觉得过了一个小时。这就是相对论。"[1] 当然，这个诙谐的解说不可能代替对相对论理论的科学研究。但是，整个相对论的精髓与神韵，从这个短小的比喻中不难心领神会，而且，经久难忘。

无独有偶，我国古代哲学家庄周，早于爱因斯坦2300年就发表了皇皇巨著《齐物论》。他说："天下莫大于秋毫之末，而大山为小；莫寿于殇子，而彭祖为夭。"（译文：天下没有比秋天的毫毛的末端更大的东西，而泰山却是小的；没有比夭折的婴儿更长寿的，而彭祖却是短命的。）[2] 这种"奇谈怪论"其实就是中国的"相对论"。他还在《秋水》篇中对此做了精彩的论证：

---

　[1] 陈鼓应. 庄子今注今译 [M]. 北京：中华书局，1983：71.
　[2] 陈鼓应. 庄子今注今译 [M]. 北京：中华书局，1983：74.

"计四海之在天地之间也，不似罍空之在大泽乎？计中国之在海内，不似禾弟米之在大仓乎？号物之数谓之万，人处一焉；此其比万物也，不似毫末之在马体乎？"（译文：计算四海在天地中间，不就像蚁穴在大泽里一样吗？计算中国在四海之内，不就像小米在大仓里一样吗？物类名称的数目有万种之多，而人类只是万物中的一种；人们聚集于九州，粮食所生长的地方，舟车所通行的地方，个人只是人类中的一分子；个人和万物比起来，不就像一根毫毛在马身上一样吗？）[1] 世间的大小、长短、多少、远近、强弱……都是相对而言，不存在绝对的量。庄周这一形象的比喻，像爱因斯坦所阐释的一样，极富情趣，人们一下子就听明白了，就接受了，就记牢了。

谁说理论总是灰色的、死板的，一旦有了审美情趣的润色，它就光昌流丽，极具生意了。

数学比起物理，更要抽象多少倍。清一色的枯燥数字的组合，无声无息，冷冰冰。然而，这些毫无生命的数字，也都充满智慧，充满人性，处处闪烁着美的光芒了。

标点符号可谓是纯工具性的知识，毫无审美性可言的。但在鲁迅的《为了忘却的记念》中，当述及柔石等五位革命者被反动派深夜处决时，作者写下了"原来如此！……"。碰到审美感迟钝的教者，大概只会说，叹号表达了感情，省略号表明了此刻的无言；而审美情趣丰裕的教者一定会抓住它不放，让学生认真去玩味这两个符号所蕴含的无穷情味，让学生领略到这两个司空见惯的标点符号，在此处竟是任何艺术的语言文字也难以表述与替代的，"无声胜有声"！这样，无生命的、非审美的、附属性的标点符号就居然神奇地化为了高力度的、高审美的主要内容了。

即使是本来就含有丰富审美因素的艺术学科，在某些教师手中，也会变得寡淡无味、黯然失色了。举一个例子：

让我先从一个例子开始。一节音乐课的印象至今难忘。那是学唱一首

---

[1] 陈鼓应. 庄子今注今译 [M]. 北京：中华书局，1983：411—416.

《我们是新世纪的主人》的歌曲，歌的曲调是很轻快的，词中又有"白云""蓝天""小鸟"和"鲜花"，还有"明亮的阳光"，很有儿童情趣。可是，女教师是这样开始的。"这首歌，区里规定要学，在开会时人人要会唱。好，现在先学曲子。"用不了半节课，词曲都学会了，余下的时间怎么办？反正不能下课，就反复唱，唱到感情逐渐淡薄，唱到有的孩子无法耐烦，有人被训斥了，有人被罚站了。然后让坐着的、站着的再重复唱。啊，这哪里还是歌声，这完全是天真的孩子们在对下课铃声的祈求……"[1]

这个例子说明，教师缺少了审美情趣，即使理应情感充沛的学科教学也会干涸了感情。

所以，为了不使单调的谱线、音符与枯燥乏味的物理音调败坏艺术胃口，有的教师把欣赏课提前引入音乐教学过程。当那几个高高低低、机械平淡的音调，一旦织进乐曲，就会立即变成一幅文采斐然的锦缎，使人目迷心醉！连那谱线、音符也都宛如灌注了生命之泉，勃然跃动了，音乐课当然也就平添了几分磁力。

由此可见，教师审美情趣是情感的火苗，教学过程中情感的燃烧，靠了它，才会炽热、明亮！

（四）教态——教师审美情趣的集中表现

教态，广义地说，是指教师的姿态、仪表，包括教师的言谈风度、举止表情、衣着装饰之类；狭义地说，是指教师在课堂上，在学生面前，在传授知识的过程中所呈现的形象。

教态美是教师人格和智慧的外化，也是教师审美情趣的集中表现。历来教育家都十分注意教态美。据说两千年前的大教育家孔子的教态是"温而厉，威而不猛，恭而安"。用现代话说，就是温和而又严厉，有威仪而不凶猛，庄严而安详。虽然这多少带有历史的印记，不见得就适合于今天。但它所传述

---

[1]　摘自 1986 年第 4 期《美育》。

的意味中，在一定程度上包含了教师的责任感和文化品位。应该承认，这种教师的外态与教师职业的内涵是表里和谐的。

教态美既有共同的一致性，又有个体的风格性。

有的教师具有一种潇洒的美，课堂上神情举止自如，讲授如行云流水，偶尔即兴生发，妙语惊人。教授者的才情横溢本身就具有智慧的诱惑和魅力。听这样的课，是一种精神享受，它像山楂能刺激食欲一样，讲授过程就极大地激发着学生的求知欲。

有的教师具有一种严谨的美。课堂上一板一眼，环环紧扣，纹丝不乱，没有半句废话，绝不旁逸斜出，板书工整有序。他的每一个教学步骤都好像已经规定好时间并严格执行着。这种教师是以知识的充实和严格的教学逻辑征服着学生。听了这样的课，同样感到充实，有一种收获的喜悦。

这两种不同风格的教态，都是值得称道、应该肯定的。

教师良好的教态，直接影响学生在道德、知识和审美观方面的成长。

第一，教师知识渊博，教学有方，加上美的教态，会像磁石一样吸引着学生的注意力。如果教态过板，使人望而生畏；或者动作滑稽（伸头、踮脚）使人忍俊不禁，都会减弱教学效果。教态美会使听者舒适，感到是一种享受而由有意注意转入无意注意，无疑对教学是有益的。

第二，适当得体的表情和动作，能加深印象，帮助理解。讲得深刻酣畅的课文，如果加上一个深邃的眼神，或一注热情的目光，或激昂的一抬首、一挥臂，那效果有时会使听者终生难忘。在机械记忆、意义记忆、感情记忆中，后者是最有效的。好的教态会促成这样的效果。

第三，教师是学生的榜样。低年级的学生常把教师当作偶像。他们以为教师的一切都是应该模仿的。教师仪态端庄，衣着朴实大方，谈吐文雅，必然影响学生也会如此；反之，教师举止粗鲁轻佻，衣着追奇逐艳，言语污浊，学生当然也如此。

总之，教师的审美情趣直接关系到教学的收效多寡与成败，不可小视。

五、结　语

苏霍姆林斯基曾这样严肃地总结教师的作用："假如孩子们从我的生活中经过，可是无论在记忆中还是在心坎上都没有留下痕迹，那么这就是对我最大的惩罚。假如孩子离开你时是灰色的、无个性的，那就意味着你没有在他身上留下任何东西。对于一个教师来说，恐怕没有比这种结局更令人痛心的了。因为，我们称之为'教育'的一切，正是在人身上再现自己的一种伟大创造。"可见，一个教师在他的学生身上留下的"痕迹"，不只是他所传授的那些知识，更重要的是他的全人、他的人格，包括他的健康的审美情趣。

杜威更是带着激情这样说："教师不是简单地从事于训练一个人，而是从事于适当的社会生活的形成。每个教师应当认识到他的职业的尊严。他是社会的公仆，专门于维持正常的社会秩序并谋求正确的社会生长。这样，教师总是真正上帝的代言者，真正天国的引路人。"他的话也许有着浓厚的理想主义色彩，但是，每一位教师、每一位主管教育的官员都认真倾听一下，应该是很有好处的。

教师良好的审美情趣，不仅能使他本人的体质、心理与人生保持健康，其终极效果，则是使整个社会保持健康。

第四章

重要的是自我修炼
——教师审美情趣的培养和提高

教师审美情趣具有个人爱好与职业素养双重意义。就后者而言，审美情趣对于教师所从事的工作至关重要，它直接影响到教育教学工作的质量和效果。

审美情趣是一个人综合素质的体现。在接受教育的全程中，在生活环境的濡染中，在社会主流价值观的支配下，审美情趣就在不知不觉中渐渐形成了。它不像从事专业学习那样，开始就有明确的目标、周密的计划，而且步骤井然地去完成。审美情趣在很大程度上，是属于一种"副产品"。但这种"副产品"又带有主体所受教育的鲜明烙印。爱因斯坦忙于物理研究，但是小提琴技艺相当纯熟；苏步青身为数学大师，古诗词造诣颇为深厚……生活环境中的文化氛围，对形成个人审美情趣具有催化作用。例如旧时北方农村的女子，无论是大闺女，还是老妇人，无不热衷剪纸艺术：一把剪刀，可裁出六畜兴旺，万紫千红；再如先前上海弄堂里一些文化程度并不高的普通家庭妇女，手制的小人衣装，那式样的新颖、色彩的谐调，总是准确地传达了大都会的时代美。他们未必有专业艺术的学习机会，她们的这种审美情趣、审美眼光与审美创造的能力，通常来自生活环境中的文化熏染，或者说是大美学氛围的长期影响。

由此可见，审美意识虽然是人类总体意识的一种历史积淀，带有某种先天因素，但更多的是后天获得。因此，审美情趣固然是在潜移默化中形成的，但并非不能作为一种自觉追求的生活目标。

一、秉持健康的生活态度，保持稳定的生活品位

美的情趣，与生活息息相关，密不可分。

19 世纪俄国著名美学家车尔尼雪夫斯基对"美"做出的定义就是"美是生活"。"任何事物，我们在那里面看得见依照我们的理解应当如此的生活，那就是美的；任何东西，凡显示出生活或使我们想起生活的，那就是美的。"[1]

---

[1] [俄] 车尔尼雪夫斯基. 生活与美学 [M]. 北京：人民文学出版社，1959：6.

一个热爱生活的人，他一定也是爱美的；同样，一个爱美的人，他一定也是热爱生活的。"美趣"与"生趣"就是这样一种互为因果的关系。有了"生趣"，自然会对社会万物予以更多的关注，并且随时随地有自己独有的视角和独特的发现。

辛弃疾是一个历史上的风云人物。在中国近当代的文化词典里，"爱国词人"几乎是为他量身定做的标签。当代学者梁衡曾花了三年时间写作《把栏杆拍遍》，全文洋溢的是炽热烫人的赞美之情：

辛弃疾这个人，词人本色是武人，武人本色是政人。他的词是在政治的大磨盘间磨出来的豆浆汁液。他由武而文，又由文而政，始终在出世与入世间矛盾，在被用或被弃中受煎熬。作为封建知识分子，对待政治，他不像陶渊明那样浅尝辄止，便再不染政；也不像白居易那样长期在任，亦政亦文。对国家民族他有一颗放不下、关不住、比天大、比火热的心；他有一身早练就、憋不住、使不完的劲。他不计较"五斗米折腰"，也不怕谗言倾盆。所以随时局起伏，他就大忙大闲，大起大落，大进大退。稍有政绩，便招谤而被弃；国有危难，便又被招而任用。他亲自组练过军队，上书过《美芹十论》这样著名的治国方略。他是贾谊、诸葛亮、范仲淹一类的时刻忧心如焚的政治家。他像一块铁，时而被烧红锤打，时而又被扔到冷水中淬火。有人说他是豪放派，继承了苏东坡，但苏的豪放仅止于"大江东去"，山水之阔。苏正当北宋太平盛世，还没有民族仇、复国志来炼其词魂，也没有胡尘飞、金戈鸣来壮其词威。真正的诗人只有被政治大事（包括社会、民族、军事等矛盾）所挤压、扭曲、拧绞、烧炼、锤打时才可能得到合乎历史潮流的感悟，才可能成为正义的化身。

辛弃疾果真是如此灿烂的风景？《把栏杆拍遍》是否还存在商榷的空间？有一位语文老师在教学这篇文章之前，对这篇文章的思想内容产生兴味，于是查找资料，继而发现：

宋词研究专家施议对先生说：辛弃疾"爱国词人与豪放派领袖，皆二十世纪所创制","辛弃疾南归后的第一个十年和第二个十年,两个十年内想着功名,当然也包括富贵,其才力主要用于营造大安乐窝和小安乐窝"[1]。《辛弃疾传记》的作者吴世昌先生也说:辛弃疾对功名的热度高到万分。他说辛弃疾在江西上饶建了一座带湖别墅,从选址、绘图、动土、兴造、上梁、落成,到请名人撰文为记,大费周章,房子竟然上百所!

　　辛弃疾的祖父辛赞简直是一个伪官。靖康之变的时候他没有随宋室南渡也就罢了,还在金国政府里卖力,当着谯县、开封等地的守令。辛弃疾父亲辛文郁死得早,辛弃疾从小就跟着这个变节的祖父辛赞生活。这也罢了,辛弃疾自己就是辽国宰相蔡松年的两个学生之一,当年党怀英留北,辛弃疾南下。即便这样,还是差一点当上兵部侍郎。为什么仍然说辛弃疾没有受到重用?

　　而且,辛弃疾两次被贬斥,都是以"奸贪凶暴"的罪名。

　　《宋会要辑稿·黜降》记载,辛弃疾的罪名是:"奸贪凶暴,帅湖南日虐害田里";《西垣类稿》收录当时以皇帝名义签发的《辛弃疾落职罢新任制》:"肆厥贪求,指公财为囊橐;敢于诛艾,视赤子犹草菅。凭陵上司,缔结同类。愤形中外之士,怨积江湖之民。方广赂遗,庶消讥议。"

　　辛弃疾遭到弹劾的两年后,南宋朝廷以憨厚著称的重臣周必大在写给一个朋友的信中,谈到辛弃疾建飞虎军的事,也说:"辛卿又竭一路民力为此举,欲自为功,且有利心焉。"(《文忠集》)

　　于是一位老师写道:

　　又碰到辛弃疾了。这个名字不讨我喜欢,他的《京口北固亭怀古》满字缝的学问典故坏了我对他的胃口,偏偏不解风情的学术霸主一口咬定这首酸腐的东西是他杰作中的杰作。"杰作"都这样让人不爽,对他还能有什么指望?看到"小儿卧剥莲蓬"这样的好句子,都不肯承认这是出自他的笔下。

　　可是他是词豪,古古今今好多人崇拜他,我的一点小心思很容易招致众

---

[1]　施议对.辛弃疾词选评[M].上海:上海古籍出版社,2002:2,3.

人的鄙视。我只好恨他，巴不得找到他的破绽把他颠覆了，好让自己的心思得见天日，且长芽开花。

初看到梁衡《把栏杆拍遍》，溢美之词令人打嗝。沉思良久，心想有机会还是实实在在找一点资料看看吧，果然，皇天不负。

这是真的？

我原谅一个人犯错，但不能接受一个人奸贪；我理解一个诗人骄纵，但不能理解一个诗人凶暴。诗人嘛，是最该具有诗意、最具有柔情的不是吗？（《白云随笔》）

同样一个辛弃疾，有人奉若神明，有人不以为然。但是，无论奉若神明还是不以为然，都是个人审美情趣的表达。情趣首先来自于个性，个性来自于对生活的感受，感受来自于对生活的兴趣，兴趣来自于内心的热切。所以，"爱生活"是产生审美情趣的第一前提。

其次是审美情趣高下的问题。

在传统的审美理论中，一直有一组矛盾存在：一方面，有人认为"趣味无争辩"——萝卜青菜，各有喜爱，并不表明萝卜或青菜谁更高雅。喜欢小夜曲是一种审美趣味，喜欢交响乐并不值得非议。苏东坡的文章有人喜欢得如痴如醉，重性灵、反泥古的清朝学者袁枚在《随园诗话》卷七之九十二中对东坡"大加贬斥"："东坡诗，有才而无情，多趣而少韵：由于天分高，学力浅也。有起而无结，多刚而少柔，验其知遇早，晚景穷也。"——在袁枚眼里，苏东坡不仅文章写得不怎么样，人品也那么不可信赖：怪不得他成名很早、晚年不幸。

谁又能认定袁枚"审美趣味低下"呢？

但是，审美情趣有高下之别，是因为审美不仅仅与客观对象有关。

昔者弥子瑕有宠于卫君。卫国之法：窃驾君车者罪刖。弥子瑕母病，人间往夜告弥子，弥子矫驾君车以出。君闻而贤之，曰："孝哉！为母之故忘其刖罪。"异日，与君游于果园，食桃而甘，不尽，以其半啖君。君曰："爱我哉！忘其口味，以啖寡人。"及弥子色衰爱弛，得罪于君，君曰："是固尝矫驾吾车，又尝啖我以余桃。"故弥子之行未变于初也，而以前之所以见贤而后获罪者，爱憎之变也。（韩非子《说难》）

这是韩非子《说难》中的一个寓言。弥子瑕曾经是卫君的宠臣。还在年轻貌美的时候，弥子瑕做过两件事，一是擅自驾驶君王的马车回家看望他生病的老娘，一是把咬了一口的桃子送给卫君品尝。当时君王啧啧称赞，认为弥子瑕之所以矫诏用车，是因为太过孝顺老娘的缘故，而把咬了一口的桃子交给国君，那正是他舍己为人的表现。等到弥子瑕年老色衰，卫君想起这两件事，觉得矫诏用车，那是胆大妄为，将吃了一口的桃子交给国君，那是欺君罔上。同样的弥子瑕，同样的事件，审美对象没有改变，审美判断前后迥异。韩非子说，那是情感改变了而已。情感一变，即便审美对象依旧，审美判断可以完全不同。可见，在审美的过程中，决定审美情趣的有很多主观的东西存在。

这就是关键所在。当审美仅仅停留在感官阶段，比如吃、喝、看、摸层面的时候，趣味无争辩。但是如果审美判断涉及感情、信仰、精神生活等人类文明的内涵，审美趣味就有真假雅俗之分了。

《三国志·陈登传》记载了这样一个故事：许汜是当时的名士，曾经和刘备一起在荆州牧刘表处闲坐，大家一起品论天下人。许汜说："陈登这个家伙，纯粹一江湖之士，满身豪横之气，丝毫不加检点。"刘备问刘表："许汜说得对吗？"刘表说："要说不对，许汜君是个善士，不会说虚假的话；要说这话对，陈元龙可是名重天下的人呀。"刘备转身问许汜："你说陈登豪横，有什么例证？"许汜回答说："我曾经遭遇战乱，路过下邳，去见陈登。他一点也不客气，很长时间对我不理不睬，自顾自上大床睡卧，让我这个客人睡下床。"刘备说："您有国士的名声，现在天下大乱，皇上不能执政，希望您忧国忘家，有一点救世之心。可是您呢，整天忙着求购土地，到处询问房产价格。这是元龙所忌讳的做派，他凭什么跟您说话呢？如果当时是我，我会自己睡在百尺楼上，而请您睡地板，哪里只是上床下床呀。"

求购土地、询问房产，这没什么不对。但是天下大乱之时，"忧国忘家"的情怀，显然比"求田问舍"的"抱负"更为阔达和慈悲。

审美情趣的高下，往往与"更善"相关联。

这是因为，"人类"虽然是一个大概念，但也是一个空概念。"人类"中的每一个人，都不足以单打独斗地对抗来自外界甚至自己带来的威胁和风险，所以人类要结成同盟。靠什么结成同盟？靠约定。小团伙有小团伙的约定，小家庭有小家庭的约定。但是，怎样才能结成更大的、能保障更多人的同盟？就是依据更多的人的利益建立的约定。"歃血宣誓"是一种约定，但是保护的只是"兄弟帮"；宗教教义是一种约定，保护的是特定信仰的子民；法律是一种约定，保护的是全体国民；"公俗良序""仁爱之心"是一种基于更多人更大利益的约定，所以，在道德和善的层面上，它是一种更高的道德和更大的善。

于是，基于更高的道德和更大的善之上的审美趣味，被默认为更高雅的趣味。

同样的"快感"，苏格拉底认定来自肉体的快感是"灵魂的坟墓"，是因为精神的快感更接近精神层面；颜回"一箪食，一瓢饮，在陋巷，人不堪其忧，回也不改其乐"，不把物质层面的享受放在眼里，一心沉浸在精神世界之中。颜回的表现得到孔子赞美，都只是因为"精神""安贫乐道"更接近"德性"的层面。

管宁和华歆一起在园中锄草，无意中从地上翻出一个金块，管宁无动于衷除草依旧，华歆欣喜不已拾之而起。看到管宁安然淡然的样子，华歆勉强把捡起的金块扔回原处。二人同坐一席读书，有个戴高冠坐华车的家伙从门前经过，管宁读书如故，华歆却放下书撺出门看。从此管宁割断席子不愿意和华歆同坐，并且表示不再是华歆的好友。（《世说新语·德行第一》）

金块是好东西，高官厚禄更是自有其价值。但是，在管宁眼里，德行比物质更为重要，"安贫乐道"比"追名逐臭"更有品位。

但是，即便同属"精神"层面，趣味也有表里、高下之辨。基于更大范围和更高程度的"道德"和"善"，其审美趣味也会显得较为高贵。

《左传·襄公十五年》记载，宋国有个人得到一块宝玉，急吼吼跑到京城献给子罕，子罕却拒不接受。献玉的人说："我把它拿给雕琢玉器的人看了，雕玉的人认为这确是宝物，我才敢把它献给您。"子罕说，我不是不相信这是块宝玉，只是你以这块玉为宝，我以"不贪"这个"品德"为宝而已。

喜欢宝玉，其审美趣味自然不俗，因为美玉有君子之风和厚重的光芒。但是，即便它有外在的光泽和内在的品质，在"不贪"面前，它也立即失去光辉。因为"不贪"是更高的道德和更大的善。

消费时代，人们喜欢追求 LV、百达翡丽。这些品牌的文化意义高于它在做工、造型、颜色上的意义，而做工、造型、颜色上的意义又超过它的价格、新潮程度上的意义。但是，如果"只买贵的，不买对的"，以炫耀为追求，其审美趣味自然等而下之了。因为，"使人成为奴隶"，是一种人类文明层面的危险和精神毒素。

值得注意的是，不是说高雅趣味就一定是高大上的趣味，细小的个人感受就是"俗"的趣味。人类追求公共道德，但是公共道德是"个人情感"上的一种依附。"真诚""淡远""精神上的自我救赎"，常常是"个人感情"背后隐藏不见的"善"。所以，保持自我，也是一种值得珍惜的生活情趣。

我一直喜欢树，希望能到处栽树，希望自己就是一棵树，期待自己死后能有一棵象征自己的树。我在乡村长大，从小与树木为伴，眯上眼睛也能说出哪个地方哪一棵树的样子，只要不长毛虫，不盘踞青蛇，每一棵树都由衷地喜欢。小时候别的本事没有，爬树的本领却一等一地强。回母校意外发现我当年栽下的树在旧桩上长出新枝，当场激动得热泪盈眶。曾一度以为自己附庸风雅偏爱泉石，后来发现，我更钟情于树。随着年龄的增长，我怀疑自己做树是不配的了，就幻想自己是树上的一片叶子、一个果子，甚至一只寄生虫。

有朋友说要做灌木，我就希望她成为灌木。灌木没什么不好。我曾经梦想有一个自己的院子，篱笆就是整整齐齐四季常青的灌木，置身其间可以看青山郭外。灌木介乎乔木和小草之间，既有树的风姿，也有草的坚韧，它把孔子、庄子、韩非的梦想一并成全了。它们结结实实地站在一起，让风从指缝间流过，即便腰肢不扭着未必缺少风情。（《白云手记》）

在这里，作者没有经时济世的情怀，有的只是一点"小资情调"。小资情调虽然细小，但是，"做树"是因为喜欢树的姿态，仰慕树的自由和智慧。这一切都是"德性"的折射。在这个意义上，"自我"也是"大我""人类"中的一分子。保持个体的成就与幸福，是人类"大善"的具体表现。

教师的生活态度是否乐观而积极，主要取决于他对自身职业的态度。

一位理解了教育事业真正价值的教师，他必然会热爱他的学校，热爱他的学生。无论任务多么繁难，多么沉重，无论面对多么大的压力与阻力，他都能想出创造性的方案去对付，去胜利地解决一切。

一位教师一生中会有许许多多的学生。在学生群中，并非个个都那么聪慧、和顺、彬彬有礼、学习勤奋，看起来让人赏心悦目的。其中也不乏"难看"的学生。这些"难看"的学生常常搞得教师头疼。有的教师真的就对这些学生望而生厌、弃之不顾了；而热心教育的老师，却能从这些"难看"的学生身上，发现其隐藏着的某些良好的品质，有时还是很重要的品质。因为只有热爱，才会关注，师生之间才会有彼此的心灵接触；只有彼此的心灵接触，才能有独特的发现。婴儿刚刚萌生的细牙，首先总是母亲发现的。幼小的心灵是一根"柔弱的弦"，教师的职责就是时时审视、照料与爱护这种"柔弱的弦"，并扶持它，鼓励它，使之逐渐坚韧起来。

苏联大教育家苏霍姆林斯基并不具备显赫的学历，他只读了两年师范学校，后来在一所师范学院再读函授班，得到的仅是一张结业证书。可是他从事教学一生，写作了 20 年，在一本 3700 页的笔记本上，他记载了他全部教师生涯，并将"每一页都奉献给一个人——我的学生……"[1] 他从美育切入，把一所普通的中学造就得遐迩闻名。这所学校的成功，成了一种教育理论胜利的标志。学校中一位有 32 年教龄的老教师沉思着说："我是带着满意

---

[1] ［苏］苏霍姆林斯基.教育的艺术［M］.长沙：湖南教育出版社，1987：9.

的心情去上每一节课的……"教师上课是带着"满意的心情",一种近乎审美享受的境界,这教学与教育还有不成功的吗?

马卡连柯更是在战时的恶劣环境中,把一大批受害的流浪儿(他们中不乏酗酒者、斗殴者、偷盗者)改造成对社会有用的人。

设想,没有对自己事业意义的确认,没有乐观而积极的生活态度,他们能够取得如此辉煌的成就?

有一首诗这样描写教师生涯:

路这样短,又这样长
——献给教师

从教研室走到课堂,
路这样短,又这样长……
往返只需要几分钟啊!

你却由青年走到满头白霜。
一路上草坪、垂柳、白杨,
这样幽静,又这样喧响!
就是在这里啊,就是在这里,
似有百舸争流,千帆远航……

路短,全程不过几十米,
路长,千里万里难计量!
昨天,历史课上你讲了从猿到人,
今天,你向孩子们展示着生活理想;
让历史洪流淙淙淌过孩子的心田,
生活的豪情在蓬勃的生命中鼓荡!
昨天,你讲述了汨罗江上的看不见的硝烟;

今天，你描绘了 21 世纪的绮丽风光。

你的备课本上
也许只是直线、圆周、抛物线……
可是，接过它的一双双手呵，
将要建造未来的铁轨、车轮、钢梁……
从这里飞出的幼鹰，
将要翱翔祖国的万里晴空；
从这里驶出的战舰
将要巡弋祖国的千顷海洋。[1]

如果每一位教师都能如此体验着自己的诗意人生，理解着这份职业的崇高意义，那么，他的审美情趣便会无处不在、无时不在。他的审美情趣也就具有高尚的内涵与真切的表露，它会使得受教的学子感到一份春晖的温暖与光明。

二、呵护强烈的好奇心和真切的求知欲

审美情趣是基于审美对象产生的情趣。大千世界的万事万物无不可以作为审美对象。但是，一旦"视若无睹"，一切审美对象也就隐匿不见。所以，保持一颗好奇心才可以不让自己的眼光老去，才可以不断地"看见"和"发现"。

物理学上有个著名的"单位"，名叫"帕"。它是表示大气压强度的单位。这个单位的出处，就是法国著名的数学家、物理学家、思想家帕斯卡尔。

帕斯卡尔 11 岁对研究自然发生兴趣，写了一篇关于声学问题的论文，论

[1] 摘自 1977 年 9 月 25 日《光明日报》，有删改。

述振动体一经摸触立即停止发音的原因。因为这篇文章给他父亲以深刻的印象，以致父亲怕他的智慧发展过早不利于成长而中止向他教授几何学。帕斯卡尔却独自开始钻研，1639 年 16 岁时写成有名的论文《圆锥曲线论》，提出的定理后世以他的名字命名。

帕斯卡尔 18 岁时对设计计算机产生兴趣。他先后草拟过 50 种模型，终于根据齿轮系的转动原理制成了世界历史上第一架计算机，能够手摇计算出六位数字的加减法。

此后，帕斯卡尔开始从事大气压力的研究。25 岁时他的姐夫按照帕斯卡尔的设计进行了实验。实验证明，在山脚和山顶水银柱的高度相差 3.15 英寸。这个实验震动了整个科学界，并且得到科学界的公认。他在这个基础上写成《液体平衡论》和《大气重力论》两部著作，确立了大气压力的理论与流体静力学的基本规律。

随着这一实验的成功，帕斯卡尔从思想方法的高度上总结出一套卓越的认识论理论。在题名为"真空论"的论文里，帕斯卡尔尖锐地攻击了当时"哲学上的权威"。

帕斯卡尔还对应自己的实验设想了一个逆实验，即以气压计的变化来测量山的高度。这个逆实验的工作后来由法国科学家马略特完成。帕斯卡尔又发现大气压力与虹吸现象之间的有趣关系，并发现气压的变化与气候条件有关，对后来气象学的发展具有巨大的启蒙意义。

此后帕斯卡尔转而研究液体平衡的一般规律，并发现了流体静力学最基本的原理。这就是有名的"帕斯卡尔定理"。这一定理的发现奠定了近代流体力学的基础。

进行过一个时期的流体力学的研究，帕斯卡尔又回归对数学的兴趣。与帕斯卡尔同时而稍早的意大利数学家加伐丽丽曾经提示过三角形的面积可以用划分为无数平行直线的办法来计算。帕斯卡尔指出加伐丽丽所谓的直线实际上乃是细小的长方形，由此遂导致了极限与无穷小的观念。这一不朽的研究开辟了近代的数学方法，为以后的微分积分学扫清了道路。

从 18 岁起，帕斯卡尔没有一天不在病中，24 岁时又曾因中风而瘫痪。这段时期他和父亲与妹妹雅克琳同住在一起，受到他们两人的影响，逐渐注意思想和信仰的问题。

赌博，则诱导了他着手研究概率论。由帕斯卡尔所开创的这一学科在近代科学技术的许多部门日益获得广泛的应用，对于近代理论科学和哲学思想也有巨大的启发。

帕斯卡尔的两篇著作《大气重力论》与《液体平衡论》均于1653年问世。次年他又完成了一系列数论和概率论的研究工作，代数学上沿用至今的有名的"帕斯卡尔三角形"（即二项式系数的三角形排列法）就是在这一年提出的。

1654年11月23日帕斯卡尔乘马车遇险，两匹马均坠死于巴黎塞纳河中，而帕斯卡尔本人却奇迹般地幸免于难。这次事故刺激他经历了一番特殊的内心经验。此后，帕斯卡尔即入居修道院，终其余生全心全意地追求宇宙与人生的真理。1655年的《与沙西先生的谈话》、1656—1657年的《致外省人信札》与1658年开始写作的《思想录》——都标志他思想研究的成果。[1]

1662年8月19日帕斯卡尔死于巴黎，享年39岁。

无疑，帕斯卡尔终其一生，他并没有特别设定的"人生目标"。他的"移步换景"式的研究方式，表明他一直跟随的不是功利的目标，而是"趣味"的脚步。小时候的他天资聪颖，对自然科学发生兴趣；18岁的时候，因为赌博的需要，满怀兴致地发明了世界上第一台计算机；他的关于大气压的研究，也是一次好奇的结果；他的《思想录》与蒙田的《随笔集》、培根的《论人生》并称为"三大世界书"，那也是他"在激烈的斗争与痛苦之中""追求宇宙与人生的真理"的结果。他从小体质虚弱，3岁就失去母亲，一辈子只活了39岁，不仅成为世界学术史上了不得的数学家、物理学家、哲学家、散文家，而且找到丰满的人生体验。

---

[1] 根据1979年商务印书馆出版的由何兆武翻译的《思想录附录》编写而成。

人只不过是一根苇草,是自然界最脆弱的东西;但他是一根能思想的苇草。用不着整个宇宙都拿起武器来才能毁灭;一口气、一滴水就足以致他死命了。然而,纵使宇宙毁灭了他,人却仍然要比致他于死命的东西更高贵得多。

现在就让人尊重自己的价值吧。让他热爱自己吧,因为在他身上有一种足以美好的天性。(帕斯卡尔《人是会思想的芦苇》)

求知欲望源于生活的进取精神与执着的事业理念。现今,知识的发展呈跃进态势。知识的更新用"日新月异"来形容已不算夸张了。不仅知识本身如此,就连对事物的认识方式也化为"多元"。一个合格的现代人,对新知识的追求是丝毫也不能懈怠的。

求知当然不限于读书,但读书确实是求知的一条捷径。即使处于已经进入信息时代、数字化时代的今天,从读书而求知,仍然是主要渠道之一。理由很简单,由书本所传递的知识,一般都经过了较好的爬罗剔抉、刮垢磨光,体系性强,重心突出。由书本所传递的知识,大抵经过社会各有关机构与专职人员的检验与把关,不至于有太大的谬误,准确度与可信度相对较强。

读书首先要有正确的读书观,前人宣扬书中自有"黄金屋""万钟粟""颜如玉",完全把读书看成谋求名利的工具,看成进身之阶。20 世纪 80 年代一窝蜂地学 follow me,也属于此种情况。无非是借以出洋镀金,谋一个较风光的前程罢了。持这种观点去读书,不仅败坏了读书的胃口,也损毁了读书应有的效果。

教师读书的目的应该是很明确的,就是不断地完善自我,不断地超越自我。完善与超越的最终目的,又是为了"百年树人"的崇高事业。

书中没有什么"黄金屋""万钟粟""颜如玉",但有知识,有智慧,有情趣。它能给人以启迪,以力量,以方向,使人更"人化",更"灵化"。故培根说:"读史使人明智,读诗使人聪慧,演算使人精密,哲理使人深刻,道德使人高尚,逻辑修辞使人善辩。总之,'知识能塑造人的性格'。"[1]

---

[1]　培根. 人生论 [M]. 长沙:湖南人民出版社,1987:205.

教师为了丰富自身的审美情趣，在阅读方面有三点是值得注意的：

1. 专精与通博要结合起来

教师要想在他所专任的学科上获得好的成绩，就必须在专业知识方面下苦功钻研，这是毋庸置疑的。但真正的专精一定要建立在通博的基础之上，方有可能实现。

现代知识的充分发育以及现代社会的特殊需求，使得交叉学科（跨学科）越来越繁复，单纯的学科分野渐渐模糊起来。比如"伦理美学""数理语言学""教育经济学"等等。所以，除了专业知识之外，对本专业外的学科，特别是与本专业有密切联系的学科不能不有所涉猎。鲁迅早在半个世纪前就已指出："即使和本业毫不相干的，也要泛览。譬如学理科的，偏看看文学书；学文学的，偏看看科学书，看看别人在那里研究的究竟是怎么一回事。这样子，对于别人、别事，可以有更深的了解。"[1] 对于教师和他的教学来说，这的确是至理名言。

还有，作为传播文化的使者，不论是教授哪门学科的教师，都应有比较扎实的文化根基。"文化根基"，包括中国的与世界的普遍性文化知识，是知识分子（教师在内）之称为知识分子的必备条件之一。缺少了这点文化底蕴，无论做什么工作，充其量只是个"工匠"罢了。许纪霖在《暧昧的怀旧》一书中颇有感慨地写道："如今，外语系再也不是研习西洋文化的伊甸园，而成为生产翻译人才的工厂""从表面上看，英语在中国可谓大行其道……但这些英语早已失去了原来的文化之根。一个托福将近满分的学生可以对英美的历史文化懵然无知，一个满嘴洋文的高级白领竟只读《文化苦旅》《丰乳肥臀》而不知洛克、休谟。"他所揭示的时弊带有普遍性。这正是我们今天的教育教学缺少兴味、事倍功半的症结所在。知识过于"专业"、过于狭窄的教师，讲授是呈直线型或平面型的，即使内容准确无误，也嫌苍白贫瘠，缺乏情趣，课堂效率不会太高；专业知识过硬又具有博识，文化底蕴厚重的教师，讲授

---

[1] 傅腾霄. 情操与鉴赏 [M]. 合肥：安徽人民出版社，1985：71.

是呈立体型的，不仅专业知识讲得出色，而且旁征博引，深入浅出，情趣盎然，收效必定不同凡响。除了读本国的，有条件者还可以读些外国书：读英国书，能多一点幽默；读美国书，能多一点奔放；读俄罗斯的书，能多一点古典的诗情……这对性格的塑造、视野的开阔和情趣的多彩，无不有所裨益。

2. 有计划地读点关于美学的书

教师审美情趣，从根本上说，与"美"有关。因此，读点关于美学的书，有助于个体审美情趣的提升和深化。尽管情趣是一种情感的表露，有很大的随机性，但一个人情趣的取向与其文化内涵，以及这内涵的层次高低，都与他的美学修养丝缕相系。俗话说"外行看热闹，内行看门道"，讲的就是这个道理。听过一首乐曲，普通人只会感到愉悦，评价也只是"好听"。而懂美学的人，却能细腻地道出这支乐曲"美"的缘由，他从中领悟到的东西显然要比一般人多得多。因而，教师要让自己的审美情趣更纯化，更深化，更有较高的品位，读点关于美学的书是十分必要的。

教师读美学书，具有很多的优越条件。

美学与哲学（美学本来就隶属哲学，是哲学的一个分支）、心理学、文学、艺术等有着密切的关联，而这类学科对教师来说并不陌生。有了这类学科的基础，学习美学是不会感到太多困难的。何况大部分人文学科如语文、历史、音乐、美术、舞蹈、体育、书法等，本来就是美学理论所关注与讨论的范畴。在这样的专业基础上去了解与研究美学，不仅是一条坦途，而且，从理论层面上更进一步地丰富与强化了专业知识。

对于有兴趣读点美学的教师，可以有两套方案供选：一是一般地涉猎，只做轮廓性了解的；一是系统地学习，要从理论上切实把握的。

做前一种选择的人估计是多数。建议读这样一些书：《谈美书简》（朱光潜）、《美学散步》（宗白华）、《大众美学》（洪毅然）、《通俗美学》（王明居）、《审美教育问题》（［苏］尼·德米特里耶娃）。做后一种选择的人估计少一些，建议读下列这些书：《美学原理》（杨辛、甘霖）、《美学四讲》（李泽厚）、《中国美学史大纲》（叶朗）、《西方美学史》（朱光潜）。

下面对以上所列各书做一点简扼的介绍，以供参考：

《谈美书简》，是著名美学家朱光潜写的一本普及性读物，1980 年由上海文艺出版社出版，内容涉及美学理论中的一般问题，用书信体表述，话语亲切，针对性颇强。第一篇"代前言"就谈"怎样学美学"。尽管此书是在冰雪初融、余寒未尽的年月面世，阐述尚须谨慎，但以作者的深湛学识、厚积薄发，该书的理论价值与学术含量，即使在三十多年后的今天，仍不失其权威性质。

《美学散步》，是另一位著名美学家宗白华的美学论文集，1981 年上海人民出版社初版发行，近年又有再版。与《谈美书简》不同之处在于，本书不一般性地概谈原理，而是直接涉入各门类艺术，探讨其中的美学规律，在中国传统书画方面阐述尤深。作者中学、西学根底都极为丰厚，左右逢源，所论又力求务实，因而读来发人深省之处颇多。

《大众美学》，洪毅然著，陕西人民出版社 1981 年出版。全书分上中下三篇。"上篇谈美感；中篇谈美；下篇谈美学在食、衣、住、行等日常生活与工农业生产诸领域中的广泛应用。"49 篇短文，都从生活中撷取话题，深入浅出。有读散文的闲趣，无啃理论的枯涩，是初涉美学理论者的一本入门书。

《通俗美学》，王明居著，安徽教育出版社 1985 年出版。如作者所言，这本书"企图在通俗性、学术性、科学性、知识性的结合上做出一点努力"。它的通俗性与知识性表现在举例的日常化与叙述的平易近人上，读起来易懂且饶有趣味；它的学术性与科学性，则表现在系统性相当严谨，由浅入深，种种有关"美"的事例与现象最终都能找到理论归宿。

《审美教育问题》，苏联学者尼·德米特里耶娃著，知识出版社 1983 年翻译出版。这本书独特之处，在于它所谈的美是从教育的角度切入。"作者以大量的日常生活中的审美经验和艺术欣赏的实例，来阐明她对审美教育的见解，其中包括这种教育的内容、特点、方法和目的、效果等问题。"这样当然更贴近教师的专业，读起来感到亲切，对实际工作也具有直接的指导意义。只是该书原著出版于 20 世纪 50 年代中期，对某些问题的阐释免不了有明显的时代痕迹。不过，时隔半个多世纪，今天我们读它，想来该不会受到什么误导的。

《美学原理》，作者杨辛、甘霖。该书由北京大学出版社出版，初版本1983 年面世，近 30 万字。该书原系北京大学美学教材，由"美的本质""美的表现"与"美感"三大部分组成，因此，体系相对严密，学院风格相对鲜明。各章都附有思考题与参考书目，用于有系统的自学，是目前最佳的一个本子。

《美学四讲》的作者李泽厚是我国当代后起的美学界权威作家。他的美学理论已成为与当代大家朱光潜、蔡仪等人并立的一大派别。本书是继《美学历程》《华夏美学》之后，作者的又一美学力作，也是他在"心意他移，美学荒弃"之时，对自己美学观点的一次全方位的整理。书中涉及"美学""美""美感""艺术"四个方面的问题。对美学理论求之欲深的读者，是能够从中得到满足的。该书有三联书店版的单行本，还被收进安徽文艺出版社的《李泽厚十年集》第一卷。

如果想从纵向了解美学的来龙去脉及诸多学派的观点，建议读叶朗的《中国美学史》（上海人民出版社版）与朱光潜的《西方美学史》（商务印书馆版）。

至于意图在美学理论上有所精求，当然还有大量的中外美学经典可供研读，但这已不是"教师审美情趣"所应顾及的范围了。

3. 从无字句处读书

有这样一副对联，其文曰："与有肝胆人共事，从无字句处读书。""从无字句处读书"意指从实际生活中去求知。前人这个观点是很有道理的。

"生活"，充满生机。

生活对塑造人的性格、气质、情趣以及丰富人的知识，均起很重要的作用。古人在这方面有很强的自觉性。陆游在《示子》一诗中写道："汝果欲学诗，工夫在诗外。"唐宋八大散文家之一的苏辙，也认为"文者气之所形"，他以司马迁为例写道："太史公行天下，周览四海名山大川，与燕、赵间豪俊交游，故其文疏荡，颇有奇气。"同时，他从中醒悟到他自己"百氏之书，虽无所不读，然皆古人之陈迹，不足以激发其志气"，因此，在他 19 岁那年，"故决然舍去，求天下奇闻壮观，以知天地之广大。过秦汉之故都，恣观终南、嵩、华之高；北顾黄河之奔流，慨然想见古之豪杰。至京师，仰观天子宫阙之壮，与仓廪府库城池苑囿之富且大也，而后知天下之巨丽。见翰林欧阳公，听其议论之宏辩，观其容貌之秀伟，与其门人贤士大夫游，而后知天下之文章聚乎此也。"[1]

诚然，生活阅历可以扩展人的视野，开阔人的胸襟，增长人的见识。所以，见过大世面的人，常能遇事不乱，临危不惊，处理问题举重若轻。中国革命从 20 世纪 20 年代到 40 年代的风雨泥泞、枪林弹雨、九死一生中胜利地走出来，其原因除了理论的支持与人民的拥护之外，不也有，而且很重要的是领导人丰富的生活阅历和斗争经验吗？20 世纪 70 年代中期那场风云诡谲、惊心动魄的政治角斗中，正义力量取得决定性胜利，其原因除了历史的必然与人民的支持之外，不也有，而且很重要的是决策人的胆识、气魄和智慧吗？

这一切，都来自，也只能来自生活实际！

1943 年 2 月，宋美龄以第一夫人的身份访美，以争取美国朝野对中国抗日的支持。

她在美国参院的讲演，是这样开头的：

余本非善于致辞之演说家，其实余并非演说家；然余亦非绝无勇气。盖数日前，余在海德公园时，曾参观总统之图书室，其中所见，于余有所鼓励，使余感觉诸君对于余之临时发言，或不至期望过奢。诸君试想余在该处所见者，究竟何物？余所见之物颇多，其最令余发生兴趣者，即玻璃窗内有一总统一篇演词之初稿、第二次稿，直至第六次稿。昨日偶与总统提及此事，谓知名而公认为优良之演说家如阁下者，其演说草稿之次数，尚须如此之多，殊使余有以自慰。总统答称，彼演说词草稿有多至十二次者。准次而论，余

[1] 阴法鲁.古文观止译注 [M].长春：吉林人民出版社，1985：1004—1005.

今日在此临时发言，诸君当能谅我。[1]

这段开场白赢得了如雷掌声，产生了良好的效应。

开场白乍看是与主旨无关的闲话，但细味之，则大有学问，大有机巧。宋氏此行游说的成功与否，事关民族的生死存亡，非同小可。因此，若不能首先征服素以高傲著称的金元帝国的一群精英，一切都将是徒劳。开场白看似闲聊，实则是精心甚至苦心结撰而成。演说者在此运用了以退为进、形抑实扬的策略，显示了一个弱国代表却能不卑不亢的雍容大气，从精神人格（这里不只是人格，而是国格）上折服了听众。

这当然与宋氏的文化涵养有关，但她若没有长期旅居美国的生活经历，不谙美国的国情和美国人直率而奔放的民族性格，事先没有那样的发现，也绝对想不到设计这样的精彩睿智、富有情趣的开头。可见，从书本上求知是一回事，从生活中求知又是一回事。

有成就的大作家、大学者，同样都十分注重阅读生活这本大书。契诃夫外出旅行喜欢坐三等车厢，目的就是通过这个窗口，熟悉他所要表现的那个普通人的群落；曹禺、夏衍为了真实地反映生活，都曾冒着生命危险进入那些特殊的，或神秘恐怖，或与世隔绝的生活圈子；高尔基成功地表现了他那个时代，也是由于他本人就一直在底层生活中打滚、挣扎、奋斗；当代著名社会学者费孝通晚年的成功著作，都是不辞辛劳，跋涉基层，深入生活而获得的。

《红楼梦》第五回的一副对联"世事洞明皆学问，人情练达即文章"正是上面意思的浓缩，其含义正是强调要从生活中去求知。

生活，是长流水，因之，永不腐坏，而且，日新月异。

教师是书斋中人，多与书本打交道，这也属正常。只是，一味沉溺于书本之中，观念与性格容易流于偏执、枯瘠、消沉，因此，有必要走出书斋，自觉主动地到生活激流中去体验。

---

[1]　林博文. 征服美利坚. 文汇读书周报. 2001－2－24（14）.

今天外出。去蒙特利尔大学魁北克分校参观。

又是一所历时几百年的老校。又是一场艳美。除了艳美，倒也不剩下什么，因为解说者的专业说辞加上热情洋溢的发酵，我简直什么也听不懂。

只记得参观校园——几百年前的建筑沉静端庄。图书馆里的珍本善本赫然夺目。英皇殖民时代的皇家气派中融入时代风尚，令人敬畏之心油然而生。

见识了一堂教授的大课堂。那是一节化学课，几百人济济一堂，教授器宇轩昂。怪不得很多孩子乐意到这里留学，科技文明姑且不论，绅士做派确有迷人之处。

吃完午饭去蒙特利尔老城。

老城是朋友的弟弟居住的地方，前几天来过。今天来主要是为了参观白求恩纪念馆、蒙特利尔城市纪念馆。

白求恩，这个被中国人民怀念和敬仰的加拿大人，在这里只是一个生活率性至于任性的医生，一个多情又薄情的男人，一个医术高明、特性独立，难以与他人共处，却有一颗热诚执着心的共产主义的信奉者。敬之爱之，又不由得为之担忧和叹息。

蒙特利尔城市纪念馆很有意思。蒙特利尔人以之纪念自己在蒙特利尔的生存历程。他们的祖先四百多年前漂洋过海地来到美洲，搭建木棚，建造栅栏，在印第安人的土地上圈地而居，心底一定有很多兴奋、期待与惶恐。慢慢地，英国人（英格兰、爱尔兰、苏格兰）、法国人从冲突争斗到相安杂居，殖民色彩淡去，因为被殖之民踪迹消逝。今天的蒙特利尔是世界上第二大法语城市，整个城市以法语为第一公共语，法语的优雅和法国人的浪漫弥漫在城市的每一个角落。追溯过往，一样有土著人的伤痛绝望和移民者的惶惑凄惶。文明，有时候是积累，有时候是取代，小进步时是积累，大变革时是血腥。微观上人们选择前者，宏观上世人被后者选择。（《白云手记》）

当今社会，知识的翻新，观念的更替，可谓神速。古人说，读万卷书，行万里路。社会是一个更为巨大、生动、全息的课堂。这个课堂对教师而言，有不同的建筑、不同的"老师"，不同的教学风格、教学理念，包括世界文明的过去和未来。在社会这个大课堂里，能够看到更多更及时的新鲜信息，能激活自己的思考和感受。"OUT""新常态""沪港通""占中""一带一路""冰桶挑战""APEC 蓝""深改""小官巨腐""微信红包"……每一个词语的后面，都安顿着一种新现象、新观念、新气息。难怪一位退休的资深教育专家，竟听不懂他孙儿所讲的"微信"为何物。教师如果将滚滚的生活潮拒之门外，他就很难理解这个世界与生活在这个世界中的人，那么，他会成为一个干巴巴、语言无味、面目可憎的人物，与他的工作对象将如何沟通？他的教育与教学会有多好的效果？

生活，是感性存在，因之，声色俱备，而且，兴味盎然。

生活向人们展示的总是最新鲜、最生动的姿容：街头的一场争执、校园的一次聊天、满街黄发红唇所构成的时尚、各式各样的媒体每天倾出的大量信息……这一切都显示了此时此地人们的价值观，以及在它支配下的生活观、审美观、学习观。这是生活的潮汐，也是时代的脉搏。原汁原味的生活形态，蕴藏着当代人极为丰富的追求理念、审美情趣以及新锐智慧，而这正是课堂教学的一股取之不尽、生机永存的活水。拒绝这股活水的振荡与冲击，无论是教育还是教学都是没有生气的，更遑论"情趣"；反之，自觉地、主动地、有机地导入这股活水，那么，无论是教育还是教学，就会面貌一新，极富时代感，新鲜活泼的"情趣"便会随之而生。

美从生活而来，情趣由生活而生，教师的审美情趣的发育和健全，不能离开生活。

三、积极参加多类型的社会活动，保持积极健康的艺术爱好

审美情趣，尤其教师的审美情趣，归根到底是一种社会活动。小国寡民式的远离尘嚣，井底之蛙式的故步自封，把自己搁置在经验主义和形式主义的藩篱中，把自己变成"老朽"，不仅自己不可能产生新鲜的思考，更加不能把握教育的脉搏，不能立足于现实之中和未来之前把教育做到它应该呈现的

样子。

所以，老师要能入乎其内、出乎其外，既能秉持一颗为人师者的纯真之心，也能跻身社会，扩大视野，多方吸收，兼收并蓄，更新观念，保持激情和活力。

5月18日上午，杨浦区二期课程改革拓展型课大型展示在附中举行。我有幸聆听了W老师的一堂文化杂谈课，讲的是《公无渡河》的文化意义。

W老师上课不疾不徐，从梁启超对《公无渡河》这首非常简短的诗极度感慨赞叹不已以至声泪俱下谈起，慢慢引导学生分析大学者梁启超欣赏此诗的原因，起承转合，开合有度，可谓细致深入，启人心志。听了这节课，我有如许感慨。

在以皈依理性、克己中庸为标准的封建社会，人人都讲究与社会相融，坚守中庸。而早该被社会磨平棱角的白首狂夫却被发提壶，坠河而死，这种与世俗相悖，甚至敢于用自己极其宝贵的生命去冲击理性、对抗中庸的做法，精神可彰，勇气可嘉。

在进入21世纪的今天，更多的人敢于与时代观念、世俗标准抗衡，张扬个性，彰显激情，虽然有浮躁偏激的弊端，但是那敢于表现自我的激情，勇于表达生命的刚性，确实值得世人学习。否则社会何以进步？时代何以持续向前？

其实，正是出现了韩寒、超女等新生代式的事物，我们的时代才会激情不断，精彩不断。否则人人都是毫无个性、屏弃自我的"佛"，社会将成一潭死水，了无生趣和活力。

基于此，我想，我们老师在课堂上究竟应该扮演什么角色呢？是慢慢将自己的个性泯灭，逐渐变成一个教书的工具，还是把原有的那份对教书育人的激情和对未来事业的美好憧憬完好保存如初？是要仅仅成为课堂教学的设计者、学生学习的引导者、道业知识的传播者吗？不！新时代的老师应该有新时代的朝气和活力，新时代的年轻教师应该保存好那份刚刚参加工作时的激情和憧憬。因为老师也是人——新时代有活力的人。因此，我以为老师在课堂上应该不仅仅成为课堂教学的设计者、学生学习的引导者、道业知识的传播者，还应该彰显自我个性，成为独特的你自己。这样，在教学过程中彰显自我逐渐形成自己独特的教学风格，最终在个性彰显中熏陶感染学生，成为学生学习的榜样，成为学生课堂的欣赏者。有道是"言传不如身教"。（关景双《师之蕴》）

一位教师，走出自己的校门，走进别人的校门，观摩同行的教学理念和方式，因此对生命激情和教师的角色定位的问题产生新的感悟。这正是一次"社会活动"生发的效益。

（一）学校即社会——在"环境"深处发现和体验

学校的高墙深院，自成一域；教师每天"办公室—教室"的刻板线路，局限了活动的范围；伏案备课，处理学生作业，书斋治学，又占用了不少的课余时间。这一类由职业特性形成的诸多限制，使不少教师处于长期自我封闭的状态之中，对社会相对隔膜，必要的人际交往少之又少。这种状况很不利于今天的教育教学。美国学者阿历克斯·英格尔斯等描述的十二条"现代人的特征"中，如"现代人准备和乐于接受他未经历过的新的生活经验、新的思想观念、新的行为方式""准备接受社会的改革和变化""思路广阔，头脑开放""尊重并愿意考虑各方面的不同意见、看法""强烈的个人效能感，对人和社会的能力充满信心，办事讲求效率""可信赖感和信任感""相互了解、尊重和自尊"等，都和参与社会、广泛的人际交往有关。不能设想，一个足不出户的当代隐者能具有现代性的思考方式与行为方式。

当今社会完全是开放型或日益朝开放型发展的社会，国家与国家之间的商贸、文化等各方面的频繁交往，相互依存关系日趋密切；现代交通与通信手段日益便捷，使得地球上的人类彼此像家庭成员一样亲近。历史潮流冲击着每一个现代人，把他们逼进那无可避让的人际交往的旋涡之中。缺乏人际意识与人际交往的能力，在现代社会中生存立足都将是十分困难的事。教师的职责本来就重在培养现代化的一代新人，如果自身不能自觉积极地融入社会，那就很难设想他能够完成本职任务。

教师的融入社会，因其职业性质，自有他们特别的畛域与特别的方式。

首先，教师应融入自己的工作对象，即学生群。"融入"是说要深入他们的生活以至心灵世界。

青年学生，他们都是未经雕琢的璞玉，有着天然无华的品质；他们又都是一泓未遭污染的清溪，有着纯洁净丽的风姿。整体去看，确实具有一致的鲜明共性。但是审视他们时，则每一个人，都是性质各异的复杂因子的组合体：有的天真烂漫，有的少年老成，有的动若脱兔，有的静若处子，有的外向得像一枚水晶石，有的内向得像深浅莫测的潭水……

小李，一位插班借读的学生。开学之前，校领导提醒说，该生在初中读书的时候，几乎是"无恶不作"。迟到，早退，旷课，上课讲话，不做作业，谈恋爱，泡网吧，抽烟，喝酒，甚至踢打同学和老师。

他还有一个特点，就是长得像金秀贤。

一个当自己是金秀贤的熊孩子，在"都教授"成为全民偶像的时代，他的精神支柱像南方的榕树——根系繁密，足以构成他自成一体的心理生态。要改变他，只有改变"生态"。

我等着打击"金秀贤"。

可是一等一个月，他完全"按兵不动"。我急了，主动"挑衅"。

班会课上，我问："当一个人想做自己不应该做的事情，比如泡吧、抽烟，怎么办？"

请他回答。

他扭捏半天站起来，歪着身子不看任何人，小腿抖啊抖的，吊儿郎当地回答说："不知道。"

我放下脸来，"肃杀"地说："'不知道'，什么叫'不知道'？作为一个学生，有'不知道'很正常。但是，大模大样地说'不知道'，不正常。"我顿了顿，说："即便'不知道'，我也希望你站端正，用认真的语气再说一遍。我可以请你用认真的语气再说一遍吗？"

他被迫站端正，"认真"地说："我不知道。"

我立马夸奖道："对了，这就对了。这才像个学生的语气和样子。"

下课。我带他到聊天室。看了他一会儿，然后故作惊奇地问他："你长得像一个人！你知道吗？"

他立即得意地抬起头说："是的。"

我说："有没有人说你长得像都教授？"

不等他回话，我接着说："要是有同学说你是都教授，你骂他，或者告诉我我帮你骂他。"

他惊疑了，问我："为什么？"

我说："在我们学校读书的孩子，将来都应该是国之栋梁。国之栋梁，在古代就是所谓的'重臣'，像姜尚、张良、魏征之类。都教授是什么？一个娱乐人士而已。职业固然无贵贱，素养却是有高低。你固然长得像都教授，但是我不希望人家说你'像都教授'。我宁可人家说你像马云。"

他看着我，很茫然，似乎被抽掉了主心骨，又似乎在寻找新的主心骨。

之后的日子里，我每天都找理由夸他："聪明，学什么都快""厉害，想做谁就像谁""有品位，崇拜的偶像档次好高""比都教授强多了"……

果然，他很快有了新的"精神支柱"。

一年后，我确定他变成了好少年。（《白云手记》）

学校即社会。学生的生活与大千世界紧密关联，社会的方方面面在学生生活里都有折射。教师对学生的客观分析，必须置身于"社会"这个大的背景之下。在大的社会背景之下感受青少年的心理世界，才能卓有成效地融进他们的心灵。

学校的"前线"是课堂，"后援"是家庭。学生家长的职业、文化层次各不相同，教师主动深入学生家庭，等于是接触社会的各个层面，熟悉形态各异的社会角色。每一次认真的家访，其实就是一次社会调查，不仅可以从中寻求教育学生的有效途径，还能有效激发和丰富教师的审美情趣。

认真组织与开展校内各种类型的文化性社团活动，是教师感受社会的第三条渠道。

学校各种文化性社团活动，是一项志趣更加集中、明确，以发挥学生能动作用为主，社会性特征很强的群体活动。在这种活动中，教师往往居于二线，充当"幕僚"的角色。它与课堂很大的不同之处，就是师生之间的关系更具"伙伴"性质。

在这类活动中，创意、组织、实施、操作，全以学生的前台动作为主。虽然教师的影响并非不再重要，但是，教师在全过程中能够更加生动地理解与感触到青年一代的新的价值取向、审美情趣以及多少不同于前辈的操作方式，从中受到启发。

经常投身于这类活动，有利于教师审美情趣的青春化与时代化。

就学校领导方面而言，有计划地组织教师的集体活动，特别是外出旅游参观活动以及校际教育教学经验交流活动，对教师的开阔视野，贴近时代潮流，增添审美情趣的新质是有好处的。

（二）社会即学校——在各种活动中增长见识、提高素养

教育即生活，社会即教育。校园之外的世界，表面看起来与"教师"有点距离，其实不然，社会上的一切都是教师审美情趣的起点和支点。教师在"社会"中发现与自己心灵相契合的东西，激活自己的生命感受，形成丰富而饱满的精神世界，使自己的视野更广阔、思想更丰富、性灵更鲜活、空间更富余。在这个意义上，无用反而是最大的有用，无关恰恰是最大的相关。

7月20日，在教育局门口一起坐车到南站，再坐火车前往井冈山。

火车是普通的火车，自我知事之时就在各省市跑来跑去的那种。很久没坐这种车了，环顾四周的陈旧设施，恍惚觉得自己近乎落难。

下了火车没见什么稀奇的景致，崇山峻岭，毛竹甚多。如此而已。

下榻的饭店名字很好："黄洋界"。响亮、典型、优雅而有霸气，让人顿时心境开阔、联想丰富。果然是当地的四星级酒店。门前小石流水，门内壮丽堂皇。只可惜房间简直不堪入住——简易木地板也就算了，下水道设计失

败，常常臭气熏人。

我以这样的姿态评价一个酒店，也许在别的地方没什么不妥，但是在井冈山，很快就发现自己错了。

酒店不是酒店，是"基地"，是专等我等进来加以教化的培训基地。基地的特点当然不是服务，是教育。当天上午就是开班式，横幅一拉，培训基地的领导和带队领导台上一坐，国歌一唱，由不得你不将精神归拢凝注。戴红军帽变得正常甚至必须。

当天下午去瞻仰烈士陵园。

很多很多级台阶，打头的是两个扛着花圈的男士。戴着红军帽的30余学员，在列成整齐两队庄严静穆地拾级而上的时候，在纪念堂里默默鞠躬的时候，我简直不相信这是一群来自时尚之都的人。

第二天上午在崇山峻岭间的盘山公路上盘桓。山风袅袅之间似乎隐隐夹杂着当年黄洋界隆隆的炮声，八角楼当年的如豆灯光，在青山之下清泉之上，闪啊闪啊似乎从当初一直亮到今天。这是零星的古迹呢，还是线索清晰的演绎？历史是很多人命运交叠起来的文化，前人不远今人在，恍惚之间，伟人身影犹存。

如果说这些零星的感觉、半出半入的状态，不是培训主办者的理想，那么第三天，学员们的眼泪证明，即便是政治，只要是人做的，只要与人有关，就有人性在、人情在、感动人心的东西在。

王佐、袁文才，崇山峻岭间的两个山大王，放弃自由威风奢华的生活加入红四军，为诞生之初力单势危的中国工农红军注入的不仅是兵力，还有更直接的物质财富和精神鼓舞，他们也成为我们早期的领导人的亲密战友，不可谓心不诚功不大。但是他们很快成了反面人物。

老革命曾志，最正宗的老革命。第一任丈夫在战斗中牺牲，年幼的儿子交给老乡便踏上长征的漫漫长途。中华人民共和国成立后总算找到了自己的孩子，可是，她拒绝为孩子解决区区的商品粮户口问题，还将自己的工资剩余悉数交给国家。她遗愿中的"要求"只有一条，那就是将自己的一部分骨灰送回井冈山。井冈山，她开始革命的地方，她结婚生子的地方，她埋葬第一任丈夫的地方，他的儿子孙子生活的地方，她的无数战友长眠的地方，她绽放青春美丽的地方。退出人世的瞬间她回复赤子，不再是客居京城的高官、德高望重的人士，她只是一个女人，美丽和爱是她的一切。

很多人的泪水潸然而下。因为她的美丽、她的隐忍、她的梦想和最后时光的摒弃一切的真实、含蓄和雍容。

井冈山很美。崇山峻岭是一个安全的所在；遍山翠绿是一个梦想的所在。一切与外界的艰难阻隔、所有真诚的浴血牺牲，都与自然的美相互辉映起来，让你走不出它的萦绕、它的期盼。让你懂得，所有的成见和叛逆，都是多么无知和轻狂。（《白云手记》）

培训、井冈山、烈士陵园、崇山峻岭，这都是校园之外、课本之外的事情。表面看来，这与课堂教学、与考试分数都没有关系。但是，一个对历史、文化、人性没有自己感悟的教师，如何会是称职的教师？社会，正是培养教师审美情趣的"基地"。

在这个基地里，情趣之花四处盛开。但是，情趣最重要的种子还是"兴趣"。

老话说，人无癖者不可交（这里所说的"癖"，当然不包括于人生有害的恶癖），这是有道理的。试想，一个人对世事一概寡淡无趣，他还能热情忠信地与周围的人交往吗？反之，对一花一草、小猫小狗都凝神专注，爱护备至者，可以相信，他一定是情感充沛、执着负责的人。

艺术世界是感情世界。人的艺术爱好，不仅能丰富生活，还能陶冶感情。力彰"以美育代宗教说"的学界先哲蔡元培即认为"纯粹之美育"，足以"陶养吾人之感情，使有高尚纯洁之习惯，而使人我之见，利己损人之思念，以渐消沮"[1]。

教师的工作"立人立己，达人达己"，当然更应该使自身的感情臻于纯正与高尚的层面。只有如此，其审美情趣，才是富有教育性的；而这种审美情趣的形成，又全赖健康的艺术爱好长期熏陶濡染。

---

[1] 蔡元培. 蔡元培美学文选 [M]. 北京：北京大学出版社，1983：70.

别以为艺术爱好只属于个人行为，闲情逸致无关大雅。其实，这种爱好，对于健康身心、塑造性格、开发智力、净化情趣都是至关重要的。

1. 艺术爱好，是一种"忙碌的休息""建设性的休息"

人要工作，工作即是劳动。这劳动或是侧重于体力，或是侧重于脑力。但不论怎样，劳动就意味着体能的消耗。这种消耗得不到必要的调适，会严重损害健康。教师的工作主要是脑力劳动，过分紧张忙碌的工作使大脑耗氧量上升，兴奋优势中心受到抑制，疲惫感便随之而来，工作效率自然大受影响。所以，善于工作的人，一定也善于休息。

闭目养神，卧床小憩，固然也是休息的一种形式，但对于教师来说，其业余生活更多地含有文化内容：或操琴，或作画，或对弈，或吟诗……这些事，表面看去，也如上岗工作那样"忙碌"，并没有"休息"，但由于从事这些活动时，心情是悠闲的，没有任何外在的压力；精神是愉快的，没有丝毫的勉强；终始行止，一任意趣，十分自由。有了这份悠闲、愉快与自由，表面上的"忙碌"，实质上却是"休息"。这"休息"又不是虚度，而是有着文化与精神上的双重收益。

2. 艺术爱好，又具有开发智力、提升效率的积极意义

一个人的兴趣广泛，对专业外的知识领域的涉猎，不仅不会削弱专业知识与专业能力，反而能够丰富与强化专业知识与专业能力。马克思曾说过，在未来社会里，"那时衡量财富的尺度已绝不会是劳动时间，而是业余时间"。他还说，业余时间是实现"更高尚的活动……个人全面发展"的时间。[1] 事实上也是，只啃专业书的教师，讲起课来，尽是筋筋条条，淡而无味；而兴趣广泛、视野开阔的教师讲课，博闻多识，拈来成趣，充满着一种智慧的诱惑力，效率效果是全然不同的。

---

[1] 傅腾霄. 情操与鉴赏 [M]. 合肥：安徽人民出版社，1985：77.

3. 艺术爱好，可以怡情养性，塑造性格

"知者乐水，仁者乐山"[1]，古代的"比德"理论指出了人与自然的一种天然契合，是人对外界事物的能动地选择。但从另一个角度看，山里人性格多偏于沉稳拙朴；水乡人性格又多偏于活泼机灵，这又是环境对人的性格的一种默化。同样，激赏惠特曼者，性格必然旷达奔放；迷恋陀思妥耶夫斯基者，性格必然内敛深沉。不同的艺术爱好见出不同的性格，反过来，性格又为其钟情的艺术所规定，所造就。艺术的色彩，万紫千红。人的性格，千差万别。但无论如何，由高尚艺术培育出来的人的性格，其高品位、高质量是无可置疑的，它对于人类有百利而无一害。

四、进一步体会"美"的规律，会使审美情趣有更专业的基础

艺术爱好，可以科学有效地提升审美素养。

审美情趣，"审"的意识和技能很重要。在对美的对象有了直觉判断之后，能够深入分析和理解其中的典型特征，辨识它与其他审美个体之间的差异性，领会它作为自然或社会生活的反映，理解并发挥它对于自己精神趣味的建设意义，才能使审美趣味得到切实的体现和提升。

人的生产无论是精神的还是物质的，都与美有联系，而美有美的规律……"人知道怎样按照每个物种的标准来生产"。标准就是由每个物种的需要来决定的规律。动物只按自己所属的那个物种的直接需要来制造，例如蜂营巢，人却全面地、自由地生产，能运用每个物种的标准，例如建筑师既能仿制蜂巢，又能建造高楼大厦和其他工程。这就是前一条的要求……"人知道怎样到处把本身固有的标准运用到对象上去来制造"。这本身固有的标准是属于对

---

[1] 杨伯峻. 论语译注 [M]. 北京：中华书局，1982：62.

象的，也就是根据对象本身固有的规律。恩格斯论述"从猿到人"时说："我们对自然界的整个统治，是在于我们比一切其他动物强，能够认识和正确运用自然规律。"马克思所说的"对象本身固有的规律"也就是恩格斯所说的"自然规律"。就文艺来说，这就涉及认识整个客观世界和人们所曾探讨的文艺本身的各种规律。可见"美的规律"是非常广泛的，也可以说就是美学本身的研究对象。[1]

美有美的规律。审美要按照美的规律来进行。美的规律是什么？就是制造美的"标准"。老子说"人法地，地法天，天法道，道法自然"，自然有自己运行的方式，人也有文明制造的规则。朱光潜先生引用马克思的话："视、听、嗅、味、触、思维，情感，意志，活动，生活，总之，人的个体所有的全部器官，以及在形式上属于社会器官一类的那些器官，都是针对这对象"，强调"五官""思维"等在审美过程中的作用。审美在"好之"的过程中强化"知之"，会使审美更专业。

（一）强化对"线条""色彩""音符节奏"的感知力

审美情趣是基于审美对象的产物。审美对象不是一个空洞的名字，它由诸多元素构成。在人类文明积淀和形成的过程中，很多"元素"的内在含义被渐渐稳定下来，形成人们的审美心理。这些元素，包括线条、色彩、节奏等形式上的一切。理解这些元素的文化意义，领悟人们相对稳定的审美习惯，才会真正实现审美，审美情趣才会"合道"。

（托尔斯泰）的墓成了世间最美的、给人印象最深刻的、最感人的坟墓。它只是树林中的一个小小长方形土丘，上面开满鲜花，没有十字架，没有墓碑，没有墓志铭，连托尔斯泰这个名字也没有。这个比谁都感到受自己的声名所累的伟人，就像偶尔被发现的流浪汉、不为人知的士兵那样不留名姓地

---

[1]　朱光潜. 谈美书简 [M]. 北京：中国青年出版社，2014.

被人埋葬了。(《世间最美的坟墓》)

西班牙建筑大师迪高曾经表示：直线属于人间，曲线属于上帝。直线是世间最简单、最单调的线条，曲线相对而言则优美华丽很多。所以，茨威格突出托尔斯泰的墓地是"长方形土丘"，就是要表现坟墓的简单朴素。对茨威格这段文字的鉴赏，可以加深对"线条"的理解。反过来更能理解托尔斯泰坟墓的特点和作者寄寓其中的情意。

线条是造型的基础。朱光潜先生曾经以建筑为例，他认为建筑风格的变化是以线条为中心的，希腊建筑多用弧线，哥特式多用相交成尖角的斜线。古希腊的帕特农神庙，以高大的石柱来表现其伟大庄严，罗马角斗场又大多是弧线型、穹隆式的半圆屋顶，体现其实用功能和美学精神。

英国著名的画家和美学家荷迦兹在《美的分析》中指出"蛇形线条"是最美的线条，因为"它引导眼睛做一种变化无常的追逐"。在现实生活中，三角形给人稳定之感。"文革"时期的很多绘画和样板戏演员最后"亮相"就是"三角形"造型，以此表示"坚决"和"刚毅"。

色彩在审美活动中，也是非常重要的元素。

人们为什么以"红绿灯"作为标志灯？

19世纪初，在英国中部的约克城，着红装的女人表示已结婚，着绿装的女人则是未婚者。

英国伦敦议会大厦前经常发生马车轧人的事故，人们受到红绿装启发，1868年12月10日，信号灯在伦敦议会大厦的广场上诞生：灯柱高7米，身上挂着一盏红、绿两色的提灯——煤气交通信号灯。在灯的脚下，一位手持长杆的警察牵动皮带转换提灯的颜色。

不幸的是面世23天的煤气灯突然爆炸自灭，一位正在值勤的警察因此断送性命。城市的交通信号灯也因之被取缔。1914年，在美国的克利夫兰市率先恢复了红绿灯。第一盏名副其实的三色灯（红、黄、绿三种标志）于1918年诞生，它是三色圆形四面投影器。

但是，把交通信号灯确定为"红绿灯"，是因为生理和文化的原因：我们的视网膜含有杆状和三种锥状感光细胞,前者对黄色的光特别敏感,后者则分别对红光、绿光最敏感。红色最为热烈或强烈,其次是黄色。绿色则有较冷及平静的含意。因此,人们常以红色代表危险,黄色代表警觉,绿色代表安全。红光的穿透力最强,最不容易被散射。其他颜色的光很容易被散射,在雾天里就不容易看见。所以用红色表示禁止。色彩之中,有文化、科学心理等方面的审美意义。

苏东坡评价王维的诗"诗中有画,画中有诗"。王维的《使至塞上》全诗共8句,其中"大漠孤烟直,长河落日圆",正是线条与色彩结合的典型:大漠是圆形,孤烟、长河是线型,落日是圆形。大漠是黄色,孤烟是白色,长河是蓝色,落日是红色。作者用一个平面加一条垂线来形成无限延展的阔大,长河与落日——斜线加点,给阔大的空间以无限延展的余地。加上色彩的渲染点缀,王诗的"诗画"浑然天成。

孟浩然也有名句:"绿树村边合,青山郭外斜。"绿树、青山,表面看是中国诗歌常常用来表现乡村生活的自然景象。但是,一"绿"一"青",点染出田园生活清新爽朗,富于生机活力;"村边""郭外",从近到远地勾勒出田园境界的开阔淡远。尤其"合"字,用绿树形成的圆圈将村庄环绕起来,构成一个团圆安谧、不受世外侵扰的圆满空间。但一个"斜"字,实现"圆"与"线"的搭配,使诗人既能置身域内又能极目于村外,既能安守田园又能任心灵的翅膀任意飞翔。

音乐是艺术最常见的形式之一。《诗大序》开篇在阐述诗歌的产生及其艺术特征时就说:"诗者,志之所之也,在心为志,发言为诗。情动于中而形于言。言之不足故嗟叹之,嗟叹之不足故永歌之,永歌之不足,不知手之舞之足之蹈之。"音乐似乎是人类自然而然的产物,也似乎是人类与生俱来的需要。从农人到政客,几乎很少有人不喜欢音乐。与此同时,音乐作为一门艺术,在发展沿革的过程中,基于生活又高于生活,形成了相对学术化的专业特质。

乐调是音乐的基本元素。古希腊人就注意到每个乐调各自"承载"不同的情感特征:A调高扬,B调哀怨,C调和蔼,D调热情奔放,E调安静优雅，F 调淫荡，G 调浮躁。中国的孔子"闻韶音三月而不知肉味"，就是从它们的音调中听出了端庄雅致的韵味。有人对近代音乐的乐调进行了研究，发现乐调与情绪有如下关系：A 阳调：自信、希望、和悦，最能表现真挚的情感，充满对生活的憧憬；A 阴调：女子的柔情似水，恰似北欧民族的伤感和虔敬之心；A 降低阳调：好似梦境中体验到的情感；B 阳调：嘹亮，表现为勇敢、豪爽和骄傲；B 阴调：悲哀，表现出静静的期待；C 阴调：纯洁、果断、坚毅、沉稳，有宗教的情调；F 阳调：和悦，略带忏悔、哀悼之情；F 阴调：悲伤、忧愁，曲调哀婉；F 提高阳调：嘹亮、柔和，感情丰富；F 提高阴调：热情、神秘，曲调幽深、阴沉；G 阴调：有时忧愁，有时喜悦；G 阳调：真挚的信仰，平静的爱情，有田园风趣，给人以自然、温馨的感觉。

无论线条、色彩还是乐调，都是作者情意的符号。符号是理智化的语言。符号里收藏了丰富的信息。一个人对形状、线条、色彩、乐调等符号的人文理解，是一个人审美能力和审美趣味的起点和归宿。借助自己的"爱好"，把"爱好"演绎为"专长"——正如借助自己对电影的喜好，了解什么叫淡入、淡出，什么是剪辑、蒙太奇，什么是声画同步、声画分立——将有益于审美趣味的丰富和提升。

（二）有效培育"审美思维"，使审美趣味更浓郁

形状、线条、色彩、乐调等，组成了审美对象的"外观"。要想实现真正的审美，审美者的性格、兴趣、技术、道德，都必须介入其中。但是在外观和个性之间，还有一个重要的中介，就是"思维方法"。

思维是审美者思考的运行机制，这个机制的运转功能的高低和运转方式的特点，极大地影响审美的结果。

烟笼寒水月笼沙，夜泊秦淮近酒家。商女不知亡国恨，隔江犹唱后庭花。（杜牧《泊秦淮》）

沿路听见断续的歌声：有从沿河的妓楼飘来的，有从河上船里度来的。我们明知那些歌声，只是些因袭的言词，从生涩的歌喉里机械地发出来的；

但它们经了夏夜的微风的吹漾和水波的摇拂，袅娜着到我们耳边的时候，已经不单是她们的歌声，而混着微风和河水的密语了。于是我们不得不被牵惹着，震撼着，相与浮沉于这歌声里了。（朱自清《桨声灯影里的秦淮河》）

游客们的大船，歌女们的艇子，靠着。唱的拉着嗓子；听的歪着头，斜着眼，有的甚至于跳过她们的船头。如那时有严重些的声音，必然说："这哪里是什么旖旎风光！"咱们真是不知道，只模糊地觉着在秦淮河船上板起方正的脸是怪不好意思的。咱们本是在旅馆里，为什么不早早入睡，掫着牙儿，领略那"卧后清宵细细长"；而偏这样急急忙忙跑到河上来无聊浪荡？还说那时的话，从杨柳枝的乱罄里所得的境界，照规矩，外带三分风华的。况且今宵此地，动荡着有灯火的明姿。况且今宵此地，又是圆月欲缺未缺，欲上未上的黄昏时候。叮当的小锣，伊轧的胡琴，沉填的大鼓……弦吹声腾沸遍了三里的秦淮河。喳喳嚷嚷的一片，分不出谁是谁，分不出那儿是那儿，只有整个的繁喧来把我们包填。仿佛都抢着说笑，这儿夜夜尽是如此的，不过初上城的乡下老是第一次呢。真是乡下人，真是第一次。（俞平伯《桨声灯影里的秦淮河》）

同样以南京的秦淮河为审美对象，同样着眼于秦淮河歌女的歌声，因为每个人联想思维的"端点"与"方式"的不同，形成的作品的内容和风格迥然不同。晚唐的杜牧，怀着忧国之思，听到"后庭花"曲，联想到"亡国之恨"。朱自清和俞平伯1923年同游秦淮河，看到同样的景致，经历同样的过程。但是由于朱自清一向稳妥，俞平伯向来自我；朱自清心事厚重，俞平伯跳脱空灵，所以，朱自清的联想是歌者言词的陈旧、歌喉的生涩机械、心态的无动于衷。朱自清又为人处世喜欢在黯淡里找到星光，于是他又把歌声安放到水里和风里，让"水"和"风"的自然韵致，化解歌声的枯涩和陈腐。

俞平伯，这个世家里长大的公子哥式的文人，他联想的"端点"总在故纸堆、歌舞声色及自我爱恋之中。对歌女们的描写，仅止于"拉着嗓子"四个字，但是他从游客没精打采的神态和牢骚式的话语里，对歌女的歌声加以讥讽。他的文字，重点在对自己生活情境的假设上——在旅馆内早早入睡，拈着牙儿领略古诗意味。哪里需要到这里被"整个的繁喧""包填"呢？

比较而言，朱自清的联想的根基是自己温厚的本性，对联想的对象有很强的"组合""建构"的功力。而俞平伯，在"文人腔调"上更胜一筹。所以有了两个风格迥异的《桨声灯影里的秦淮河》。

在美学理论领域，联想有"相似联想""接近联想""对比联想"之分。杜牧因歌女的欢唱联想到亡国的伤痛，俞平伯由秦淮河的喧嚣联想到旅馆惬意的生活，这都是对比性联想。俞平伯由自己的感受联想到"乡下人"，这是基于"本质相同"的联想，是相似联想。朱自清由歌声联想到"空间位置"上彼此关联的"风"与"水"，这是接近联想。

在审美过程中展开联想，借助类比和对比手段，更能有效、准确地发现审美对象本身的特质。

在审美活动中，"想象"发挥着重要的作用。古希腊的亚里士多德在《心灵论》中说："想象和判断是不同的思想方式。"罗马时代的斐罗斯屈拉特则强调：想象"是用心来创造形象"，"它是比模仿更为巧妙的一位艺术家"。审美与科学研究不同，审美更需要借助想象而具体化，最终形成审美意象。在强烈的情感运动中，审美主体达到了一种深层的感动和理解，领悟到难以言传的生命价值与意义。审美意象是主体对审美客体的主观反映，是在多种心理因素综合作用下产生的一种特殊的形象。

江南可采莲，莲叶何田田，鱼戏莲叶间。

鱼戏莲叶东，鱼戏莲叶西，鱼戏莲叶南，鱼戏莲叶北。（《江南》）

这首诗有什么好？为什么千古传唱？

如果不加以联想和想象，我们可以对此加以理性分析：鱼，在中国古代象征男女之情。这首诗写一个小女生看着鱼儿在池塘里游动。

没看出这有什么"美"。

那么想象吧：

在蓝天之下、红花绿叶之间，脉脉流动无限风情的流水之下，一个美丽青春的女孩，看一条鱼儿在荷塘里无忧无虑地开心嬉戏。鱼儿呀，我的那位亲爱的人，他在哪里？——青春少女的眼波流转之间，心做千千结。

多么美艳，多么牵人魂魄。

作为表达情意的文学作品，不能设想，如果不能把静默的符号还原为直观的形象，不借助想象把看得见的东西与看不见的东西进行对接，如何实现审美？

一阵风把蜡烛吹灭了。月光照进窗子来，茅屋里的一切好像披上了银纱，显得格外清幽。贝多芬望了望站在他身旁的兄妹俩，借着清幽的月光，按起了琴键。

皮鞋匠静静地听着。他好像面对着大海，月亮正从水天相接的地方升起来。微波粼粼的海面上，霎时间洒满了银光。月亮越升越高，穿过一缕一缕轻纱似的微云。忽然，海面上刮起了大风，卷起了巨浪。被月光照得雪亮的浪花，一个连一个朝着岸边涌过来……皮鞋匠看看妹妹，月光正照在她那恬静的脸上，照着她睁得大大的眼睛，她仿佛也看到了，看到了她从来没有看到过的景象，月光照耀下的波涛汹涌的大海。兄妹俩被美妙的琴声陶醉了。等他们苏醒过来，贝多芬早已离开了茅屋。他飞奔回客店，花了一夜工夫，把刚才弹的曲子——《月光曲》记录了下来。（人教版小学语文六年级上册《月光曲》）

这是人教版教材上的一篇文章，描述的是贝多芬《月光曲》产生的因由。故事的真假无从考察，但是"皮鞋匠"看到的"画面"为很多人的同感。音乐是一种无形的画面，"想象"就是运用通感，把有声的音乐变成有形的画面。

任何艺术作品都是作者思想情感的表达。想象的根本是"情意"。没有情意则没有形象。"情意"就是"目的指向性"，就是审美者调度自己的经验，通过"艺术品"这个媒介，对作者的思想情感进行复原的根本。尽管"作者未必然，读者未必不然"，但是，即便错位的复原，仍然建立在对作者思想情感的推测之上。

断臂的维纳斯为什么这么美？

没有情意的审美会视之为一个"人形的大理石"。

进一步，懂得美的规律的人会分析到：维纳斯的线条是那种"韵律流动"的波形线条；整个雕像的比例十分耐人寻味，它接近于利西普斯所追求的那种人体美比例，而且，雕像的各部分比例几乎都蕴含着黄金分割的美学秘密。

赋予了情意，就会觉得她无论是秀颜，还是那从丰腴的前胸伸延向腹部的曲线，或是她的脊背，不管你欣赏哪儿，无处不洋溢着匀称的魅力——如果把她当作希腊神话中爱与美的女神，把她当作自然、生命的统一，真、善、美的象征，你才会深入欣赏她美的特质。

情意是想象的内核，想象是情意的根本。教师的思维在教师的审美过程中具有元认知的重要意义。它不仅规定了教师审美情趣的性质、格调，而且催发着教师审美情趣的实现。

五、建立泛美、爱美的观念——让审美在生活中成为习惯

审美，是一个外延无限宽大的概念。教师的审美情趣，最后还是要归拢到教育教学实践上来。所以，在教育教学实践中自觉主动地锤炼发现美、鉴赏美的意识和能力，将对教育教学产生更直接的效应。

人生的得失往往很难预料。几年前我仓促地来到上海，预料不到职业中的际遇能给予我职业之外如此的温暖和快乐。

那正是我做教师做得疲惫，初到异乡备感惶惑的时候。领导安排，04届高一（1）班的四十多个孩子成为我的学生。

学生云者，一般而言，尽管他们把老师的生命卷动得潮起潮落，但年年岁岁人异花同，除少数的几位学生由学生而成为朋友而永远驻留在老师的生命中之外，更多的记忆因工作繁重而不得不任凭岁月风霜日洗月剥。所以，

我于学生，一向谈论责任多于谈论情感，对他们前途的期望也往往多于对他们个性的欣赏。

但04届高一（1）班的这四十几个孩子一下子打碎了我三十余年积累的关于生活和教育的成见。他们的情感的触角和智慧的锋芒令你在措手不及中不得不放弃自己的精神领地而融入他们的世界。你不得不接受他们，欣赏他们，佩服他们。

在我并不单纯的教学阅历中，他们是最为出类拔萃的一群。即使到现在，他们依然是。在他们中间，有深思妙理、能力卓著的青年领袖，有在工作中条理如织、学业上独占鳌头的年轻才俊，也有文理兼修、舞姿优雅、棋艺精湛的学子精英。但作为一个语文老师，我更惊异的是这些在两年后大多以物理化学为主修课的学生们——他们才情之卓著，文学修养之深厚，思考之深刻，文笔之生动。

那时候要求他们每周写一篇随笔以培养他们的写作能力。这是例行作业，也是大多数高中生不得不应对的痛苦遭遇。痛苦往往是连锁的，布置随笔的教师也难免苦在其中。（1）班之所以是（1）班，即在于写作的灾难在他们手上会演绎成精彩而快乐的精神聚会，不单益己，而且益人，不单娱己，而且娱人。心灵笔记自然神采飞扬、独树一帜，即如他们的言情小说、武侠小说、章回小说，也常常以千万言的篇幅连载呈现，写的人情思奔涌，读的人忘乎所以。其真诚，其清美，其热切，其隽永，分明已不再是所谓的"作业"，而是热血少年情感的放歌、思想的舞蹈。

有人说，有些事做过了就该算了，有些话说过了就该忘了。按理说，这届学生离开我最少的也有两年了，但他们给我的殊深记忆随着时间的流淌印痕愈深。尤其他们的随笔，是那样地令我感慨和感动，总觉得即便在诗词歌赋最不稀缺的中国，在少年作家美女作家最不稀奇的上海，这些校园里的墨迹也足以在蓝天白云下占一席之地。也许所有的完美都只是我这个教师眼里的完美，所有的深刻都只是年青学子的深刻，但即使不是朝阳，它们也是清晨的露珠。那是整个夜的故事的浓缩。所有的夜都是天然的、沉静的、灵秀的，是上帝灵魂的另一半。无论升华或浸润，它们都意味深长。

当然，他们真正的朝阳在他们事业的天空上。祝福他们，我们也因之而格外幸福。（《白云手记》）

教育教学实践中的审美，既以学生为审美对象，以教育教学的内容和形式为对象，也以教师自身的心态和特质为对象。对这些对象的关注、观察、了解，会对教师的教学意识和教学行为产生直接的促进作用。

德国哲学家康德说：美是一种无目的的快乐。所谓"无目的"，除了没有功利性之外，还是一种"无意识"。正因为"美"经常是无意识的，所以，对"美"的敏感性、对"美"的鉴赏力更是一个人心灵深处的东西。佛法有言：青青翠竹，皆是法身；郁郁黄花，无非般若。一片叶、一朵小花、一粒灰尘，常常都有一种"精神"在。

"从主体来看，正如只有音乐才唤醒人的音乐感觉，对不懂音乐的耳朵，最美的音乐也没有意义（感觉），就不是它的对象，因为我的对象只能是我的一种本质力量作为主体的能力对它自己是怎样，因为一个对象的意义对于我（只有在具有和它相适应的感官情况下才有感觉意义）必定和我的感官走得一样远。"[1] 马克思的这段话精辟地阐释了一个关于"美"的重要问题，即虽然审美意识是人类的一项特殊属性，但"发现美"的能力却并非与生俱来，它实在还有一个后天的培养与锻造的过程，而且，这个过程对个体来说，又是不断在延展的。比如，有人能够毫无阻碍地欣赏通俗歌曲，但不一定能够接纳《黄河大合唱》《小提琴协奏曲梁祝》；有人具备了欣赏这类艺术的能力，但不一定能够领受西方乐圣贝多芬的作品。在文学、绘画、雕塑等方面的情形也与此相同。这也就是说，对"美"的发现以及对"美"的接受都有一个修炼的过程。教师审美情趣的一个重要前提是发现美。如果连美都发现不了，还谈何"审美情趣"？

---

[1] 马克思. 1844年经济学—哲学手稿 [M]. 上海：上海文艺出版社，1980：11.

如何在生活中自觉地锻炼"发现美"的能力，我们认为：

（一）从宏观上建立泛美意识

从兰州到西宁，一路山高谷低。山真的是山，土真的是土，但是几乎一毛不生。这就是高中时候的地理老师喜欢一遍遍强调的"天雨一包脓，天晴一块铜"的黄土吧。晴天丽日下，或丘或岭，都一概没有一丝动静，没有一点表情。从洪荒到今日，或从今日到永远。除非你看不下去，用锄子挖它，用鞭子抽它，用脚后跟蹬它，用地震震它。风吹过它那样，天煞雷鸣之后它也那样。它还是像一个睡着了的聋哑儿，浑然不觉。

即便是庄子，坐在这片丘陵间三日三夜，或许也要焦躁起来。是呀，物生于世，有用没用咱不分辨，但是，面对行云流风，保持这样一份表情，令世界无辜又无奈，这是何必？

看看车外偶尔看到的木然的脸，突然相信，女娲用黄土抟捏出华夏众生，莫非用的正是这样的土壤？

北国，南方。同是土壤，有的色红，有的色黑。但是，无论南方北方，无论红壤黑壤，或者高粱满地，或者稻黍满仓。这片黄土，它是完全肌无力呢，还是绝对地不肯付出呢？

据说黄土高原养育中华文明。或许是奶汁流尽，累了，睡去了。千万年不醒。永远不醒。

或许有一天，无论是红土还是黑土，也同样累了，或是恼了，千万年不醒，永远不醒。（《白云手记》）

满目黄土、寸草不生，看起来不是能"审"出"美"来的情境。但是，细细去想，其中情味盎然——大千世界，确实无一不可观、可思、可感、可叹。这正是泛美意识。

泛美意识是由正确人生观派生出来的一种健康意识，认为世间的一切都是美的特质元素，愿意将世间的一切都当作观察、审视、启发自己发现美的对象。

1. 人类生存的环境——"自然是吾师"

大自然，不仅生产了人类，还养育了人类。整个大自然，对于人类来说，既是生命的源泉，又是精神的乐园。从大自然中领略到的美是永远不会枯萎，不会重复，不会乏味的。"江山如此多娇，引无数英雄竞折腰。"

贝多芬深情地写道："世界上没有一个人像我这样地爱田野……我爱一株树甚于爱一个人……"他的传世杰作第六交响乐《田园》就是运用音乐语言赞颂自然美的动人诗章。

自然界的山、水、树、石，无不保持了天然的和谐与高度的合理性。它的美是人工制造出来的美所不可企及的，它成为历来各种艺术临摹的最高范本。

傍晚雨后的青海湖畔，点无纤尘，日光是那种干干净净、清清楚楚的日光，影子也是坦坦白白、毫不暧昧的影子。我把双肩包背在背上，两只手插在口袋里，左转出门，慢慢地向大路的另一头——青海湖走去。

曾经在烟雨的轻纱里让人看不出面目的青海湖，在日光下，光明磊落，宁静自在。

空气很凉，很清。世界仿佛沉浸在冰凉的水晶宫中。波纹在湖面上慵懒地起伏，有一搭没一搭，应付差事似的在湖岸边摇晃。几个游人在远远的岸边摆着姿势拍照，一只水鸥在低空中做一个轻浅的翻飞，滑向遥远的天际去了。

我靠在路灯柱子上，夕阳从背后射过来，路面上印上一细一粗一长一短的影子，细而长的影子是杆子的，粗而短的影子是我的。

在我凝神远望的时候，旁边一声"咔嚓"，一个大男孩在旁边粲然一笑。他把地上的两个影子拍进相机。我笑笑，掏出相机也拍一张。

摄影，本来摄的就是影子。与我这个真人无关。

走到湖边，我在湖边长椅上坐下。椅子很冰，我不得不起身伏在栏杆上。

后面是青山。真的青山。苔藓似的小草把山的表面抹成绿色，灰的山于是变成绿色。不像江南的山，所谓的山只是山树的轮廓。

青眼看青山，青山真妩媚啊。

山下面是一带一望无际的油菜花，金子一样的油菜花。花中间零星地散落些白色的别墅。

再下面是一条绵亘的水泥路，蜿蜿蜒蜒伸向远方。

水泥路的下面，是一片宽阔的红色地带。红色来自一种叫"蜜罐"的植物，每棵蜜罐的中间一根粗粗的苔儿，从根向梢，密密匝匝结满颗粒状的小红花。这些小红花将来会演变为一粒粒甜甜的小籽儿。但是眼下，它们就那样小睡似的红着，远远望去，看不出是花儿，只一大片浅浅的草，认认真真透出若有若无的红意。

再下面，就是湖边湿地。人们在湿地上用木板铺上一条蜿蜒曲折的小路，零星的几个人在上面拍照观光，夕阳下倒像是动态剪影画儿。

又一只水鸟在天空画上一条曲线，展翅，消失。

我从栈道上下去，在湖边的石头上坐下来。阳光明净得刺眼，但是石头很冰很凉。不敢耽溺，沿着岸边小坡上的泥土小路慢慢走上去，偶尔停下来看看身边的树和脚下的小草，不相信世界真的可以这样，宁静得凝冰似的。瞬间的幻觉，令我泫然欲泣。（白云《青海湖游记》）

青海湖、日光、空气、水鸥、路灯、青山、小草、油菜花、水泥路、蜜罐……无不充满情趣，引人遐思。

人类群居的社会，是客观环境与人类在相亲相融的过程中产生的物质文明、精神文明的总和。巧夺天工的"人间制造"，包括情意、智慧，都是"美"的结晶、"美"的载体。

沈先生年轻时就对文物有极其浓厚的兴趣。他对陶瓷的研究甚深，后来又对丝绸、刺绣、木雕、漆器……都有广博的知识。沈先生研究的文物基本上是手工艺制品。他从这些工艺品看到的是劳动者的创造性。他为这些优美的造型、不可思议的色彩、神奇精巧的技艺发出的惊叹，是对人的惊叹。他

热爱的不是物，而是人。（汪曾祺《我的老师沈从文》）

无论是陶器还是丝绸，这些"手工艺品"都是人的杰作。但是作品一旦完工，他立即又变成一个"物体"。只有"人"的关注和发现，它的精妙之处才会被重新唤醒。所以，社会美的核心是"人"。

2. 人的形体是社会美的第一个审美对象

狭斜方女，铜街丽人，亭亭似月，燕婉如春，凝情待价，思尚衣巾。芳逾散麝，色茂开莲。陆离羽佩，杂错花钿。响罗衣而不进，隐明灯而未前。中步袒而一息，顺长廊而回归。池翻荷而纳影，风动竹而吹衣。薄暮延伫，宵分乃至。出暗入光，含羞隐媚。垂罗曳锦，鸣瑶动翠。来脱薄妆，去留余腻。沾妆委露，理鬓清渠。落花入领，微风动裾。（沈约《丽人赋》）

沈约笔下的"丽人"，亭亭玉立，燕婉可人，步态婀娜，风情万种。

但是，沈约的丽人多多少少有"徒有其表"的嫌疑。因为作者对他笔下的这个人物赋予多少深情，颇为令人怀疑。"情味"，是欣赏"人"的过程中的重要因素。王安石在鄞县（今宁波）当知县的时候，生了一个女孩，一岁零两个月就夭折，王安石心痛异常，在小女儿下葬的时候写下《鄞女墓志铭》：

鄞女者，知鄞县事临川王某之女子也。庆历七年四月壬戌前日出而生，明年六月辛巳后日入而死，壬午日出葬崇法院之西北。吾女生，惠异甚，吾固疑其成之难也，噫。

他对小女儿的描述仅仅"三个字"：惠异甚。一个襁褓中的婴儿聪明灵慧的样子则活灵活现。作者对自己心境的描述也只有"固疑其成之难也"七个字，但是作者小女儿健在时候，作者的关注、小女儿聪明超伦的时候作者的惊异、担心"天妒英才"小女儿被老天收回的恐惧，无一字不是表现小女儿的可爱可怜。这样的文字，虽然简约至极，但是，因为人物的"个性"在，作者的情意在，所以更能动人心魂。所以，虽然人体美是"美中之绝美"（刘海粟语），但是，人的美是内在美与外在美的统一。宋代哲学家张载说"充内形外之谓美"。这"充内"指的就是人的品质、智慧等一切内在素质的充实与饱满。人的美不仅仅在于外形甚至主要不在于外形。这一点，是社会美区别于自然美的一个明显特征。

"恶之花"也是社会美的另一个侧面。"恶"的潘多拉箱子在人类历史上数度开启，给人类造成杀戮、掠夺、欺凌、饥饿……诸多灾难，其毒焰甚至一度污染了人的灵魂。但是，人类整体的美并未被摧残殆尽。一旦乌云散去，晴日朗照，人间还是依旧光明艳丽。无论毒害还是光明，都是人类审美的必需。

3. 人类创造的艺术更是美的集大成

今臣亡国贱俘，至微至陋，过蒙拔擢，宠命优渥，岂敢盘桓，有所希冀！但以刘日薄西山，气息奄奄，人命危浅，朝不虑夕。臣无祖母，无以至今日，祖母无臣，无以终余年。母、孙二人，更相为命，是以区区不能废远。（李密《陈情表》）

《陈情表》是西晋李密写给晋武帝的奏章。晋武帝发诏让李密到朝廷做官，李密上表表示，祖母有抚育自己的大恩，自己有报养祖母的大义，虽然感谢朝廷的知遇之恩，但是自己实难从命。

苏东坡从这篇佳作中感受到亲情的分量，评价说：读《陈情表》不下泪者，其人必不孝。

贝多芬说：音乐是比一切智慧、一切哲学更高的启示，谁能参透我音乐的意义，便能超脱寻常人无法自拔的苦难。某著名政治家在听了贝多芬《热情奏鸣曲》的演奏后说："我不知道还有比《热情奏鸣曲》更好的东西，我愿意每天都听一听，这是绝妙的、人间所没有的音乐。我总是带着也许是幼稚的夸耀想：人们能够创造怎样的奇迹啊！"[1]

1824 年 5 月维也纳首次演出贝多芬的《第九交响乐》(《英雄交响乐》)，罗曼·罗兰对此有过记载：情况之热烈，几乎含有暴动的性质。当贝多芬出场时，受到群众五次鼓掌欢迎。在如此讲究礼节的国家，对皇族的出场，习惯上也只用三次的鼓掌礼。因此，警察不得不出面干涉。交响曲引起狂热的骚动。许多人哭起来……[2]

19 世纪末叶俄罗斯巡回画派杰出画家列宾，站在一幅名为"邦贝城的末日"的绘画面前，全身抖动，竟至哭泣起来。[3]

《巴尔扎克纪念像》是罗丹接受作家左拉的委托，用了六年时间才完成的一幅作品。当作品于 1898 年在沙龙展出时，激起了广泛的社会抨击。作协拒绝接受它，作协主席、诗人扬·爱卡德因拒收订货而气愤得辞了职。但是作家左拉、法朗士，画家莫奈、劳特累克，音乐家德彪西等人，联合起来支持罗丹，并发表了宣言。像这样，一件艺术品激发社会审美热情和判断的例子不胜枚举。

高尔基年轻时读福楼拜的短篇小说《纯朴的心》，有这样动人的记述：

我完全被这篇小说迷住了，好像聋了和瞎了一样——我面前的喧嚣的春天的节日，被一个最普通的、没有任何功劳也没有任何过失的村妇——一个厨娘的身姿所遮盖了。……在这里一定隐藏着一种不可思议的魔术，我不是捏造，曾经有好几次，我像野人似的，机械地把书页对着光亮反复细看，仿佛想从字里行间找到猜透魔术的方法。

人们为何被艺术摆弄得如醉如痴、似狂似癫？是由于艺术惟妙惟肖地传述了人性中最优美的东西，才如此有力地拨动了人们的心弦，而引起强烈的共鸣。

---

[1] 龙协涛. 艺苑趣谈录 [M]. 北京：北京大学出版社，1984：4.
[2] 龙协涛. 艺苑趣谈录 [M]. 北京：北京大学出版社，1984：23—24.
[3] 龙协涛. 艺苑趣谈录 [M]. 北京：北京大学出版社，1984：9.

这一现象表明了人的创造力的伟大，也同时表明了人间最迷人的魅力全在于人性的美、思想的美、情趣的美。

妈妈家有一个大竹园，每年雨后春笋让妈妈头疼。在这点上，妈妈和那些她从未谋面的欧洲大陆上的子民心意相通——竹子，在她这里根本是个贬义词。那落起来没完没了一定赖在屋顶上风吹不走的叶子呀，那在暴雪中不能自持咔嚓咔嚓断得让人揪心的竹竿呀，哪样不是淘气惹事的主儿？春天的竹笋更不是省事的家伙，别指望它懂什么礼貌规矩！它一冬天蛰伏在那里，等到春天的气味一来，你瞧吧，柴屋里，鸡架下，它想从哪里安营扎寨连个招呼都不打！在以前没有水泥地的时代，它甚至敢在床底下伸头！城里人把竹笋当作桌子上的美食，乡下被"正法"的竹笋总是被丢进猪圈。竹笋，特别是毛竹笋，谁稀罕吃它！看起来虚张声势好大一个，扒下衣服去掉老根可以下锅的也就一点点，还不够功夫钱呢。何况，竹笋总是喜欢跟肉搭伴，有肉提味，还稀罕竹笋？连石头都可以香气袭人嘛。这个扶不起来的阿斗，你再怎样细细切、热水焯，在烈日下晒得嘣嘣脆，湿风一吹，它立马蔫成一团，浑身上下长满似霉似霜的东西，让你无法不心生嫌弃。（《白云手记》）

虽然是"嫌弃"，但是作者是有情味的。情味这个东西，仿佛美丽的月光、甜蜜的空气，在现实中似乎没有"实际"的功用，实际上处处有用。

在我们周围，处处有美，时时有美，有各种性质的美，也有各种形式的美。问题在于能不能去"发现"它们，而"发现"它们的关键又在于，我们得有正确的人生观，得有对生活的准确判断，得有对人类前途充满信心的乐观精神，得有承认美是人类精神主流的泛美意识。

（二）从微观上审视生活中的美

这一次回家是寒假。几点小雨飘过之后就满天放晴，阳光灿烂得不像话。但是有"家乡"的人知道这才是最正派、最正宗的冬天。"寒星点点"哪里来？就从这样晴天丽日的夜里来。一夜过去，飞霜如雪，原野上薄银素裹，连树枝也呈淡淡的银色。这个时候有泥路可走真是有福，赶在阳光照射之前出门，路面上薄冰未融，毫不泥泞，而且由于路面有一层极薄极薄的冰，薄冰下是湿润的泥土，踩在上面有微微的弹性——呵，最不讲情调的挑粪老农也觉得舒服有趣。

我有经验，我知道太阳厉害，它照到哪里哪里冰霜被统统格杀勿论。太阳从房子背后的小山上射过来，渐升渐高，探照灯似的又亮又猛。所以这样的天我会早早起床，跟太阳公公赛次跑，心里一半急切一半得意，简直回归婴孩的心境。有人反对引诱孩子成熟，说孩子总有长大的一天，成年人却无法回到童年，说话的人一定是没有在家乡霜色满目的原野沉浸过。

最奇妙的霜在汽车玻璃上。霜花精致清晰，一——二——三——四——五——六，你可以毫不含糊地将"花"瓣数得清清楚楚。你听说过"六出冰花"，但是是怎样的"六出"？你非得在家乡冬天的早晨趴在车玻璃上才能知道。最妙的是，呵呵，我简直舍不得说给你听。万籁俱寂的寒夜发生了什么？哪些东西在神秘地嬉戏甚至恶作剧？你猜得到吗？猜得到吗？我谅你不能。在我的家乡，野猪一定在某个山脚的菜地里拱萝卜啃小麦；猫头鹰一定从容不迫地叼起一只夜游的老鼠；鸡窝里一定时不时有一场微微的骚动——这些都没什么稀奇。可是，我还知道另外一些故事：夜幕森森，寒星闪闪，露珠滴落，突然，一阵微微风来，空中的、树上的露珠横遭一击，你一直以为圆圆形状的露珠，一下子被吹成一条线。风也并不完全可以自主，什么力量控制了它我不知道，但一定有一种力量，这种力量使风以一种纤柔而坚韧的样子，一会儿从东往西吹，一会儿从南往北吹。因为，车窗上的霜花，有那么多呈线状排列，有横的，有纵的，有既横又纵或非横非纵的。线状的霜花！被都市绑架而不自知的你，我不信你曾经见过。（《白云手记》）

霜花，在深夜静默中的生机，没有一颗安静的心和细细体味的兴致，是不能产生这样真切的感受的。

建立泛美意识，是一种知性选择，是一种理性判断。这种选择与判断固然是必要的，具有前提性质，但在实际生活中发现美、感受美，却是感性活动，它不受理性的驱使，只遵循感情逻辑行事。

那么，怎样才能从生活中审视到细致处的美呢？其中有两个极为重要的支点，即"爱"与"善"。

"爱"，是从审美主体方面来看的。

只有爱，才能发现美，感受美，珍视美。甚至别人不以为美的东西，当事人也视之如珍宝。举一个例子，契诃夫有一篇名为"幸福"的短篇小说叙述了这样一个故事：

"我"来到一处荒凉的边地，在一座小村落里，注意到一件有趣的事。村上有位痴呆的老头，天天在门首台阶上晒太阳，不言不语，毫无表情，而在他身边，有一位同样年迈的老妪，时时以温柔多情的眼神去抚爱他。人们告诉"我"一个极普通又极动人的故事：若干年前，老头曾是一位英姿勃发的下级军官，受到军队首长的千金小姐的青睐。于是，这对年轻人开始相爱，但门户不当，不为首长所见允。要想求得爱的延续，摆在他们面前的唯一生路，就是私奔。这位小姐毅然决定舍离亲人与优裕的物质生活，踏上了遥远的不归路。在这个边远的贫穷的村落，这对恋人用自己的辛勤劳动，建立起爱的小巢，度过了漫长的一生，直到临近生命的终点。

一个痴呆老头有何美可言？

可老妪那温柔多情的眼神里，分明有着一个坚定的答案：那不是痴呆的老头，而是数十年来从不减色的年轻英俊的形象；那不是风烛残年，而是数十年来一以贯之的如歌如诗的相伴岁月；那不是美的伤逝，而是美的永恒的定格！

所谓"美感"，说到底，其实就是"爱意"。

"善"是从审美客体方面来看的。

关在笼子里的老虎和毒蛇，可以成为人们欣赏的美的对象，那是因为它们外表花纹斑斓，或雄健威武，或盘旋有致。若是将它们散放，人们还能照样欣赏吗？

美的内涵必须是善。

当代电影评论家钟惦棐说过，"行为美和心灵美，足以改变一个人的自然素质""在美的问题上，人经常处在创造自己或毁灭自己的过程之中"。

王熙凤、汪精卫等人的生物形态，应该承认都是很美的。然而，曹雪芹笔下的王熙凤却越来越让人厌恶鄙弃；人民心目中的汪精卫也永远是丑陋不堪的。这完全是因为他们的思想行为与"善"背道而驰，给别人甚至整个民族的利益带来了极大的损害。

由此看来，教师的"爱心"，是他发现美的潜在慧眼。有了这份爱心，尽管面对的是一群"丑小鸭"，他也能瞻望到他们奋翅高飞的前景；有了这份爱心，他便能把所有的学生都放在自己的"注意圈"里，尤其是更多地去关注那些弱者（差生、贫困生、遭遇不幸者），给予细心的照料与加倍的爱护；他还能够从某些外表"难看"的学生身上找到亮点，发现其善良的品质。在他的课堂上，便不乏融融泄泄的春光、求知向上的热流与智慧性的欢悦。

（三）培育丰裕的感性能力

在生活中发现美、感受美属于感性活动。能否发现和感受美，以及发现的概率、感受的深浅，都与感性能力有关。感性能力的丰裕与贫乏决定着发现美、感受美顺畅与否，深刻与否。

人们似乎存有一种偏见，以为感性与理性相比，前者只是初级性质的，后者才是高级性质的。人们还认为，只有人的理性，是人区别于动物的一大标志。其实，这是很大的误解。人既是理性的动物，也是感性的动物。不仅人对外界事物连同对人自身的认知，都不能不是以感知为基础、为先导的，而且，感性与理性一直是共同地、等值地支撑着"人"这个万物之灵的生存与发展。

现代社会，感性的价值，非但没有贬低，反而有了一定程度的提升。审视一下我们周围的环境吧，马路两边是风格各异的建筑、争奇斗艳的广告牌；走进商场，满眼是包装精美、设计别致的各类商品；人们的衣着，更是色彩的展示、款式的竞赛；连价格昂贵的轿车，也是一辆比一辆更靓丽、更舒适；

还有那青年男女的发型、发色，早已冲破了性别的界线和超越了种族的生态限定……现今正是一个令人眼花缭乱的感性世界，是一个高速度推陈出新的感性时代。日本学者增山英太郎认为："现在是评估创造性、感受性及综合性判断力的时代，唯有感性丰裕的人才会受到重用。有感性的人才能开发充满感性的新商品，同时，也能优先别人传递新的情报。"[1] 很多有眼光的企业家，在选用职员时并不太看重学历，而是选择善于运用五感（视觉、听觉、嗅觉、味觉、触觉）的人。因为这种人，最有能力了解顾客真正的需要。

那么，什么是"感性"呢？

一天工作结束，黄昏时候，我们相约去看七王坟。

一条石路爬上山顶，东问西问，总算找到七王坟。

杂草离披，古松苍劲。登上石阶之后是一个亭阁，铁栏杆环绕四周，外墙上写着"七王坟清朝光绪帝生父奕譞1868年建造"之类的句子，亭阁里面是一个巨大的龟上碑。从侧门绕过去，一座陡峭的石板桥。再走过去，一座平台两座石碑，脚下杂草头顶古松。平台上上去，一大片白皮松，尽头是一个偌大的坟台，坟台上是一个砖头砌成的坟，日月沧桑，外层的砖块好多都已经剥落了。

张激动不已。什么叫夕阳残照秦砖汉瓦荒草离披？什么叫千古兴亡多少事，千古功名付清流？不看书不走路如何知道？

我也感叹。走过不少地方，这样苍凉古朴原始纯粹的墓地，我还是第一次看到。我的历史感慨早已麻木，兴衰是自然又自然的事情，见怪不怪了，我只是欣赏这里如此纯粹地依然只是一个墓地。

残破的石阶，缺损的飞檐，在任何角度以任何姿态都沉静古朴的松树，杂乱的青草纠缠着藤蔓，遥遥不知名的鸟儿古怪的叫声，让你一方面胆战心惊，一方面又不由得神往其秋天的苍凉冬天的宁静。对了，这就是帝王贵族的墓地所应该辐射出的不同寻常的气息。

---

[1] ［日］增山英太郎. 感性的诉求 [M]. 台北：新雨出版社，1992：120.

回来走了一个多小时，心理却一直停留在那个墓地。

七王坟，让我的今天变成了非常难得的日子。因为这个日子的光芒，前面几天的无聊、后面可能的无趣，都借着今天有了色彩。（《白云手记》）

"感性"就是"感觉加上感情"，而感觉又是感情的基础。感性能力强弱的测试标准在于感觉的敏锐程度与感情的丰富程度。

感性能力同理性能力一样，是可以后天培养锻炼的。下面就来谈谈感性能力自我培育的几种方法：

1. 经常保持愉快心情

人在心情舒畅愉悦时，脑部的神经末梢（也就是"快乐神经"）会分泌一种刺激荷尔蒙，让脑部活性化，也就是使头脑变得灵活。头脑灵活，感性自然会变得敏锐，对外界事物的发现，特别是对其正面质素（美与善）的发现就更为容易。

舒畅愉悦的外在形式是"笑"。

把"笑"看成是浅薄行为的观念，是陈腐的观念。它与开放性社会的行为准则是格格不入的。有人说这种观念是"感性的癌"，它是会严重摧毁一个人的感性的。

"笑"不仅是一种生理的行为，也是一种精神的风采。法国理论家阿兰在《论笑》中这样解释"笑"："除了笑，再也没有什么能使精神和肉体结合得更为和谐了；因为，在一切崇高的举动中，肉体总显得有点胆怯。所以说笑是人的特性，这是千真万确的，因为在笑中精神从物质外表上解放了出来。"[1]

笑，是日渐复杂的人际关系中的润滑剂，也是生活中美的因素的催发剂。

教师带着好心情走进学校，走进学生群体，他的眼前呈现的将是明朗、新鲜、令人振奋的一切。他的工作不仅因之顺畅地展开，而且，效率也会达到较好的程度。课堂上的讲授内容，不仅能按预定计划实现，有时还能灵感式地涌出新的见解——在原先教案中未曾考虑到的见解，一种思想的火花。

---

[1] 王树昌. 喜剧理论在当代世界 [M]. 乌鲁木齐：新疆人民出版社，1989：121.

当然，教师也免不了工作上、生活上种种难题的困扰，并由此带来烦恼与痛苦。

但一个真正敬业的、有修养的教师，他会自我调节，绝不会将这类负面情感带进学校。就像斯坦尼斯拉夫斯基所说："当一个人回到家里的时候，他得把套鞋脱下留在室外的过道里；当演员来到剧院的时候，他也应当把自己个人的一切不快和痛苦留在剧院之外：在这里，在剧院里，他整个的人是属于艺术的。"同样，走进学校，教师整个的人，就属于学生，属于教育事业，一切个人性质的忧思与烦恼都统统置之度外了。

2. 主动接触异质事物

遗传学昭示了一个不容忽视的现象，即长期的近亲繁殖，会导致后代弱势的延续与加重。反过来，不同的基因型的个体之间的交配，可以取得某些双亲基因重新组合的个体。这种杂合体会在一种或多种性状上优于两个亲本。这就是所谓的"杂种优势"。

这一杂交原理同样在社会文化现象上得到了验证：凡是在文化上兼容并蓄、不排斥异端的时代，往往是文化高度发达、国力无比兴旺的时代，如历史上的唐朝即是。

看来这将是一个含有普遍意义的真理：异质事物或异质思想间的交会、碰撞、融合，不仅不是坏事，反而是好事。

人的感性也是如此，老是接触同一种刺激，便会产生"惯性"，感觉必然日趋麻痹。反过来，经常接受异质事物的刺激，感性就不会迟钝、萎缩。异质刺激越多越能磨炼感性，感性会越发敏锐。

异质事物就是处于个体认识与生活习惯圈子之外的那些事物。换句话说，就是我们常说的"新事物"。

"新事物"的出现，不是偶然的。德国著名哲学家黑格尔有段名言："凡是合理的都是现实的，凡是现实的都是合理的。"[1] 他所说的"合理"的"理"，不是"伦理"的"理"，而是"事理"（即合乎逻辑）的"理"。"新事

---

[1] 明白君. 西方哲学名言大观 [M]. 合肥：安徽人民出版社，1987：141.

物"的出现，都与一定的社会政治经济背景、文化思潮背景有关。"新事物"不一定全是好的，如"文革"期间的种种丑恶现象，无非是封建主义亡灵的借尸还魂，是沉渣的重新泛起而已；但"新事物"一般来说，都蕴含着一种新的思想与新的生活方式，代表了社会发展的一种趋向。

因此，作为教师，要热情面对这些，认真去寻求理解，绝不要充当契诃夫笔下的"装在套子里的人"那种角色。当前青少年中流行的好尚、服饰、行为方式以及话语方式，都与他们上一代人曾经熟悉的生活存在很大的差异。这需要教师去思考、研究，辨别良莠，区别对待，绝不要一概反对与排斥。

有人说："畅销商品无疑是反映时代的镜子。"这是很警醒人的话。人们有必要去细细玩味它。

如果对异质事物采取一概排拒的态度，那么，无疑是把自己封闭起来，无疑是从滚滚的时代大潮中自行退出。这样，他就无新鲜的敏锐的感性可言，当然，也没有了具有时代感的审美情趣，最后将无法与自己的教育对象相通，工作效果也可想而知了。

主动接触异质事物，还有一个重要途径，就是多读新书。书是丰富感性的营养剂。新书传递的是新锐的思想观念。文学作品通过形象、情感来传递，史哲作品则以说理的方式来传递，这些都会从不同的角度给人们以启迪，从而取得与眼前异质事物的认同感和亲和感。

3. 有意设置感性环境

感性环境就是心境，是一种由自己的感觉营造出来的场境。

头依然疼痛欲裂。

在高原上感冒发烧是一件危险甚至凶险的事情。肺水肿，脑水肿，不但戕害身体，而且危及心智。据说一个在高原上感冒发烧的女子，回到中原后性格大变，一个活泼可爱的女子，变得沉默寡言、拙于言辞。

我只有起身沿水泥大路往坡上去，那里有卫生所。

卫生所门开得很大，也很干净，里面的药柜和床铺全部对外开放。但是没有医生。

　　我把头伸进里间喊："医生医生。"没有回应。我再走到屋外喊："医生医生。"依然没有回应。

　　卫生所依路而建，对面是油菜地。金黄的油菜花，仿佛是对我上半年觅花不着的补偿，金黄得轰轰烈烈。但是，这种轰轰烈烈是不动声色的，令人的心彻底安适。我没有给它们拍照，更没有跻身其中弄姿留影，只有心底里弥漫着欢喜和确定，然后在它们身边坐下。

　　它们身边还坐着一位藏族大妈。

　　大妈的汉语水平有限，她坐在田埂上，我坐在草丛中，东拉西扯，从油菜到牧场。她的女儿与儿子不知从哪里走出来参与我们的闲聊，就像我跟我的家乡和我的邻人。（《白云手记》）

　　在这里，物理环境很简单：卫生所、菜地。但是淡泊宁静的氛围，既是审美情趣的内化，也是审美情趣滋养的空间。

　　生活环境是人的身体包括他的思想感情的延伸与模拟。环境的面貌总是打着环境主人的性格烙印。巴尔扎克说过："走进人家的屋子，你第一眼就可以知道它的基调是什么，是爱情还是绝望。"《祝福》中鲁四老爷书房的情景：

　　壁上挂着的朱拓的大"寿"字，陈抟老祖写的；一边的对联已经脱落，松松的卷了放在长桌上，一边的还在，道是："事理通达心气和平"……窗下的案头……只见一堆似乎未必完全的《康熙字典》，一部《近思录集注》和一部《四书衬》。

　　这样的环境，不是把书房主人陈腐的思想、没落的情绪、完全钝化的审美感以及死水般凝滞的生活状态和盘托出了吗？

　　一种体现生活情调的环境，居室里保持简洁优雅的气氛，陈设不必过于华丽但要体现明快舒展的基调，适当地设置点画饰，并经常改换它们。悠闲时放几曲轻松的音乐，让感觉时常处在新的刺激之中，感性能力便会得到提高。

4. 不停地改变与超越

人们常说，熟悉的地方没有风景，因为"熟悉"会带来木然。一双木然的眼睛和一颗木然的心，是无法产生审美情趣的。所以，"改变"会激活生活的沉淀，使眼睛有新的发现，大脑有新的活动。

今天，做面包。

我不是一个擅长做家事的人。没有时间，也不大想得起做一点一个家庭妇女应该做的事情。但是我喜欢捣鼓，捣鼓总能给我很大的乐趣。

前天，正在做一番令我吃力的对话，楼下蒋太太送来一大块面包，说是她自己用面包机做的。

面包有点糊，但很香，且"做面包"是新鲜事，理所当然地"我也要面包机"。

一老友立刻请蒋太太送来一个面包机。一下班，蒋太太带着技术、核桃仁、葡萄干，手把手教我做面包。过程并不复杂，但是仍然超出我想象的烦琐——我以为把面粉鸡蛋什么搅和一起按一下遥控就立等可取。哪里受得了"这个只能半勺，这里只能 240 克"！据说一个面包从头到尾要耗时 3 小时。3 小时，昨天一个广告吹牛说，他训练的学生每分钟能阅读 5000 字。按这个标准，3 小时都能看两本书了。

晚上，我坐在桌边跟客人说话，面包机放在我脚下，我时不时扭头看一眼，面粉团由小到大，圆乎乎蓬松松很可爱，勾引我按捺的欲望。要不是怕女儿批评，我一定早掀开盖子将它戳成蜂窝煤。女儿还不成熟，她不明白于我而言，面团的最高价值是取乐而不是果腹。

有"价值"的事情总有人做的。在我宣布面团开始呈黄色的时候，她爸爸想也没想打开了机子。等家里那个小的大呼小叫奔过来，面包已经成为早产儿。

由于早产，缺钙，软软的，又太甜。想送给师傅尝尝都害羞。但是挺欢乐。到底是一件好玩的事。

因此作此百十言，算是一日记。（《白云手记》）

做面包，不是教师分内事。做面包与做教师，也并没有太多的相同之处。但是，热情、好奇、愿意尝试，是一个教师应该呈现的个性特质。生活即教育，这句话在这里具有多重含义。

生活是一个流程，如孔夫子所言："逝者如斯夫，不舍昼夜。"而且，它还是处在常变常新之中。古希腊哲人赫拉克里特用"我们不能两次踏进同一条河"的比喻，阐明了他这种"变化的哲学"的观点。

一个富有感性的人，自然会主动顺应生活潮流的变化而变化，不停地寻求超越，包括超越他自身。日本一位成功的企业家堤清二，其成功的诀窍就是"不停地超越"：1975 年他的第九期计划主题是"生活潮流化"。当时，这个提法与设计体现了走在时代尖端的新颖观念，受到社会的瞩目。可不到五年，当他发觉这与社会需要出现了距离感时，便毫不犹豫地自我否定，提出了新的创意："生活个性化"便成了第十期计划的主题，同样也取得了轰动性的成功。他把这种自己否定自己的行为称为"创造的破坏"[1]。

一个勇于实行这种"创造的破坏"的人，经常处在新的刺激之中。他的感性能力会发展得很快；感性能力的超常敏锐，又使得他能及时追踪时代发展变化的轨迹，捕捉到最新的资讯，从而去实现全新的创造。这便形成了一个良性的循环系统。这个循环系统会使工作不断地迈向新的台阶。

感性能力强的教师，一定不会拘泥一个固定不变的教育观念与教学模式，即是说，他的教育观念与教学模式所组成的独特系统，并不是单一的、封闭的、静止的，相反，它呈现出多维、开放、运动的状态。本学科的、非本学科的新信息，通过各种载体的中介，不断输入这个系统，引起这个系统原有平衡的动荡和原有序化的紊乱。在经过鉴别调整、祛伪添真、弃旧扬新、触类旁通、磨合重组之后，进入新的平衡与新的序化，也就是在原有系统的基础之上实现新的飞跃。"稳态—非稳态—稳态"的多次螺旋式循环，把教师逐步推向成熟与成功。

---

[1]　[日] 增山英太郎. 感性的诉求 [M]. 台北：新雨出版社，1992：153.

5. 永远保持对生活的兴味

每到春天，花痴的痴病总是难以遏制地发作。上上周找樱花，开车一个多小时，堵堵行行，跑到郊区的莘庄公园，没有樱花，倒有梅花，白色的红色的单色的嫁接的，算是芳菲满园，但也没有太大惊喜。梅花里我还是喜欢蜡梅，尽管那并不算梅花。但是在寒风凛冽的冬天中，远远的清香袭来，怎样都是一份来自上天的赏赐。要么就是雪原之中，一枝红梅傲苍天。那是文学作品中的，也是梦幻中的。现实中似乎没有见过那种景致。

梅花是要有点傲骨的吧。像这样一大片一大片的，和风暖阳，游人如织，梅花们熙熙攘攘，却完全无精打采，真是不像梅花啊。只好打打球吃吃东西拍了几张照片回家了事。

上周周末，继续找樱花。网上攻略上做了功课，顾村公园当然是有樱花的，但是人比花多，实在坏人心境。据说中山公园有樱花，且有从日本来的樱花。于是跟女儿一道去中山公园。

进了公园，看到一株迎客樱。蓓蕾初现，一副花期还早的腔调。左找右找，看到远远的几棵红云，奔过去，是红叶李。又看到一树绯红，再奔过去，是桃花。

四处打听，找到樱花园，果然花蕾尚小，只有预告，没有绽放。

不甘心地在园子里走来走去，看到海棠，结香。结香是以前见过的，只忽略了结香可以打结。于是为几枝结香打了结。虽然结香应该并不喜欢被打结。

这个礼拜，清明节至，想回家跟爸爸说几句话，更想回家看看花。油菜花应该接近尾声了，但是映山红，应该花开正好吧？（《白云手记》）

一个有爱好的人，总是不乏情趣的。每天清晨，睁开睡眼，一瞥见窗上的晴光，心中便充满喜悦：新的一天又开始了！感性强的人都会怀着这样的激情去迎接新的一天，因为它给人提供了创造的时间。

新的一天，应有新的内容。

新的内容，一方面由生活本身不断提供，另一方面则靠人们对生活的兴味主动去开发，去撷取。

一个没有生活兴味感的人，他的生活总是单调与平凡的，今天重复着昨天，明天又重复着今天。感觉及感情的反应，总处于迟钝和死气沉沉的状态之中。生活场景的五彩绚烂，他可能视而不见；生活潮流的汹涌澎湃，他也可能置若罔闻。这种状况是十分可怕的，因为感性的萎缩与苍老，会使得所有新思想新知识一概不得其门而入。

相反，生活兴味感浓郁的人，他不仅时时感受到外界种种的新刺激，并做出快速的反应，而且，他会敏锐地、及时地捕捉到新的信息，哪怕那新的信息平凡得引不起一般人的注意。

有这样一个例子：日本富士胶卷公司 1986 年推出畅销产品"随手拍底片"一时间席卷了照相材料市场。这个了不起的创意，竟是发端于公交车上两个女人的闲聊。

"你家的电饭锅有几个开关？"

"只有一个。"

"好呀！开关一多，操作就麻烦。"

说者无意，听者有心。

这家公司就顺应用户的心理，一反当时产品多重机械化与高级化的倾向，把"简单就是好"作为一种新的行动理念，这就是"随手拍"产生的契机，也大概是后来"傻瓜型"商品流行的滥觞。

这个例子证明，感性处在极为敏锐的状况下，一般人不易发现的缺失可以发现，一般人不易发现的优势也可以发现。对生活的兴味，不应因年龄的趋老而消减。有一段话这样写道：

青春指的不仅是人生某段期间而已，真正的意义是心理状况。优秀的创造力、坚强的意志、燃烧的热情、逐退怯懦的勇猛心及舍弃安逸的冒险心，拥有这种心理状况才是青春。经过岁月的积累，人不会变老，唯有失去理想，才会开始老化，岁月只会增加皮肤的皱纹，但失去热情，会造成精神的萎缩。[1]

教师不同于体育家、舞蹈家、演员，年龄的增长不会削弱其事业，反倒是教龄愈长，教艺愈熟练、愈丰富，正是其集大成的好时光。

只要永远保持对生活的兴味，教师的青春就会长存，教师的感性能力就会保持和发展。

6. 注重反思，执着于目标的实现

从"我即教师"到"我是教师"，其间是漫长的转变观念、感受学生的道路，是从自由人的角色到职业身份的转化。单从语义上看，"我即教师"与"我是教师"没有二致，但在个人感知上，一个是张扬的、充满激情也缺少冷静的，一个富有更多的理性精神。前者心中始终有一个放大的自己，后者眼里更多的是切实服务的学生。

上海的语文课堂中的民主与活跃是外地的老师难以想象的。2001年我调进这所中学，我的强硬风格与上海的人文风气立即发生交锋。好几年之后一位学生在题为"附中师长二三事"的文章里回忆道：

白云的到来完全是一次硬着陆，对于我们而言是这样，对她而言同样是。我们是她到上海之后接手的第一批学生，换了新环境之后的她正在经历着苦闷的过渡期，而我们也构成了其中一个需要适应的因素。当然，这都是我们以后才知道的，对于许多人来说当时确实经历了一段"苛政猛于虎"的岁月，但所幸的是，硬着陆以后并非留下永久的创伤，反而摩擦出耀眼的光芒。

也许是个性使然，或者是教学观念的作用，我对学生一向以"严厉""严格""严肃"的"三严"著称。在来上海之前的十四年里，我的学生——出色的也罢，平庸的也罢，从来都令行禁止，师生关系中天然地奉行着师道尊严。

---

[1] ［日］增山英太郎. 感性的诉求 [M]. 台北：新雨出版社，1992：135.

第一次看到我的上海学生在随笔里对我直呼其名，明知学生没有恶意，也禁不住脸红耳热。我的教学风格可想而知。

过去十四年一直端居在"教育者"的神坛上俯视众"生"，走进附中后我依然沿袭着历史的惯性。复旦附中学生毫无疑问是出色的，但这样出色的学生在我的眼里也绝对只是"学生"。我不容置疑地把他们的自信当浮躁，把他们的勇敢当冲动。我老气横秋地提醒他们"不要只知好恶，不论是非"。——八年之后的今天，回望过去我不由得内心充满了羞愧、疑惑和感激：我不知道我的那么些活泼又杰出的少年怎样在我"猛于虎"的"苛政"中拓展自由的空间健康成长，也不知道他们怎样在我不知不觉之中既成全着我的"权威"感，又把我改变成他们需要并适应的"人师"。

如果说我的第一次教育观念进化主要得益于那些智慧凝注的书籍，那么我的第二次教师思想的蜕变源于上海的空气，源于这群活力无限、"法力"无边的学生。（《白云手记》）

教育，就是要在相应的对象身上采用合适的方式，并不断反思。每次反思和调整，都是一次对自我的重新发现。对应目标，是反思和发现的前提。

大凡有作为的人，都会树立生活或事业的目标。目标越是清晰，达到那种目标的欲求与愿望也会越强，这会刺激感性的发达与敏锐；缺少目标或者目标模糊，这个人的感性也必然迟钝。因为，一有了明确的目标，也就有了目标与现实之间的距离。那么，在行进中就会时时思考如何缩短这个距离，也就会随时关注方方面面与缩短这个距离的诸项因子。而且，随着现实与目标之间的距离越来越短，信心会倍增，感性会更趋发达。一个成功的人，就是如此登上成功的巅峰的。

司马迁因李陵案的牵连下狱起，将近 3000 个日日夜夜，坚忍着奇耻大辱，硬是写完了 50 余万字的巨著《史记》，这是因为他为自己树起了"欲以究天人之际，通古今之变，成一家之言"的宏伟目标。

号称发明大王的爱迪生，为了研制白炽灯泡，曾用 1200 种不同材料的灯丝进行过实验，最终获得了成功。这也是明确的目标起了作用。

1200 与 3000，这为数不菲的数字，由于有了目标，加上毅力，便成为强力的矢镝，一次又一次地飞向鹄的；否则，岂不是一连串的省略号，构成了一生的虚空！

教师审美情趣，在教师的全部素质中，占有很重要的地位。虽然，通常言及教师素质时，不大为人提起。

古代评估教育教学时，以"春风化雨"作喻，描述了一种最高的境界，这是确切的、聪明的。

"春风化雨"，轻柔的、曼缓的、温馨的、愉悦的……这样神妙效果的取得，没有教师厚实的知识、高亮的风节以及纯熟的技巧，当然是不可能的。但是，设若少了审美情趣，它的效果能是这样的吗？黑格尔说："我深信，真和善只有在美中间才能水乳交融。"他还说："理性的最高行动是一种审美行动。"[1]

这就是我们今天对教师审美情趣的重新认识、重新估价与重新探讨的依据。

---

[1] 李洋杰. 铸魂·艺术·魅力（上册）[M]. 北京：中国华侨出版社，1995：110.